国际中文教学通用课程大纲（大学成人段）

总 主 编：郁云峰

副总主编：静 炜

顾　　问：赵金铭　刘英林　崔永华　李　泉　吴勇毅　王佶旻

◎编委会：

执行主编：邵亦鹏　丁安琪　王锦红

编　者：冯丽萍　王祖嫘　徐晶凝　吴中伟　曹贤文　王利娜　马佳楠

呼丽娟　王　阳　陈文景　程海婷　储　玥　梁允迪 [俄]

刘青华　阮氏山 [越]　尚　超　土田真由 [日]　王婧阳　吴佳航

吴孟芸　张凤永　张　杨 [荷]

◎特别鸣谢：

张　英	北京大学
罗剑波	复旦大学
祖晓梅	南开大学
宋继华	北京师范大学
王学松	北京师范大学
毛　悦	北京语言大学
苏英霞	北京语言大学
岳　岩	北京语言大学
郑艳群	北京语言大学
徐丽华	浙江师范大学
朱　琪	北京外国语大学
方欣欣	加拿大阿尔伯塔省教育厅
张新生	英国伦敦理启蒙大学
吴坚立	澳大利亚中文教师联会
古川裕	日本大阪大学
胡　琳	西南大学 / 泰国孔敬大学孔子学院

马　跃　南非开普敦大学

苏碧娜　柬埔寨皇家科学院

姚载瑜　新西兰奥克兰大学孔子学院

金晓蕾　塞尔维亚贝尔格莱德大学

阮福禄　越南胡志明市师范大学

汪敏锋　福建师范大学 / 菲律宾红溪礼示孔子学院

张　红　阿联酋教育部

周　芳　阿联酋教育部

张　瑞　对外经济贸易大学

易福成　俄罗斯国立人文大学

齐　冲　法国巴黎大学

马西尼　意大利罗马大学

袁博平　英国剑桥大学东方研究院

刘长征　北京语言大学

张　丽　西班牙汉语考试委员会

蔡昌杰　印尼雅加达华文协调机构

陈　琦　香港英基西岛中学

陈　健　美国旧金山新意中文学校

杨松芳　约旦安曼 TAG 孔子学院

王胜利　河北经贸大学 / 尼泊尔加德满都大学孔子学院

张　奇　复旦大学 / 阿根廷布宜诺斯艾利斯大学孔子学院

尚劝余　拉脱维亚大学孔子学院

程　雪　拉脱维亚大学孔子学院

王秀卿　韩国国立安东大学孔子学院 / 曲阜师范大学

李文学　白俄罗斯国立技术大学科技孔子学院

尚蓓蕾　白俄罗斯国立技术大学科技孔子学院

国际中文教学通用课程大纲

（大学成人段）

International Curriculum for Chinese Language Education

(For Colleges and Universities)

中外语言交流合作中心　组编

北京语言大学出版社
BEIJING LANGUAGE AND CULTURE
UNIVERSITY PRESS

©2024北京语言大学出版社，社图号24075

图书在版编目（CIP）数据

国际中文教学通用课程大纲. 大学成人段 / 中外语
言交流合作中心组编. -- 北京：北京语言大学出版社，
2024.5（2025.1 重印）
ISBN 978-7-5619-6543-6

Ⅰ. ①国… Ⅱ. ①中… Ⅲ.①汉语—对外汉语教学—
教学大纲 Ⅳ. ①H195.2

中国国家版本馆CIP数据核字（2024）第097891号

国际中文教学通用课程大纲（大学成人段）
GUOJI ZHONGWEN JIAOXUE TONGYONG KECHENG DAGANG (DAXUE CHENGREN DUAN)

排版制作：北京创艺涵文化发展有限公司
责任编辑：王巧燕
英文编辑：侯晓娟
封面设计：张　静
责任印制：邝　天

出版发行：北京语言大学出版社
社　　址：北京市海淀区学院路15号，100083
网　　址：www.blcup.com
电子信箱：service@blcup.com
电　　话：编 辑 部　8610-82303390
　　　　　国内发行　8610-82303650/3591/3648
　　　　　海外发行　8610-82303365/3080/3668
　　　　　北语书店　8610-82303653
　　　　　网购咨询　8610-82303908
印　　刷：天津嘉恒印务有限公司

版　　次：2024年5月第1版　　　　印　　次：2025年1月第2次印刷
开　　本：889毫米×1194毫米　1/16　印　　张：11
字　　数：204千字
定　　价：68.00元

PRINTED IN CHINA
凡有印装质量问题，本社负责调换。售后 QQ 号 1367565611，电话 010-82303590

前 言

(一) 目的

为顺应世界各地中文教学迅速发展的趋势，满足各国大学及成人非学历教育中文教学课程规范化的需求，我们研发了《国际中文教学通用课程大纲（大学成人段）》（以下简称《大纲》）。

《大纲》对中文作为第二语言课程目标、课程内容和课程评价进行了梳理和描述，并提供了常见教学模式课例，旨在为大学及社会成人中文教学机构和教师在教学计划制订、教学内容与教学方法选择、学习者语言能力测评和资源研发等方面提供参考依据和参照标准，为不同教学单位制定本单位中文教学大纲提供参考。

(二) 原则

1. 科学性原则

《大纲》以第二语言教学理论为指导，基于对全球大学及社会成人中文教学现状、各国不同大学及社会成人教学机构外语教学大纲（含中文教学大纲）的调查，对使用者需求进行分析，吸收借鉴世界范围内多种第二语言教学大纲的经验，并与《国际中文教育中文水平等级标准》（以下简称《标准》）相关联，理论与实践相结合，系统性呈现课程目标、课程内容与课程评价，力图为大学及社会成人中文教学的课堂教学、教学评估、资源研发、大纲制定提供科学的参考依据。

2. 实用性原则

《大纲》从指导大学及社会成人中文教学实践的角度出发，针对教师的实际需求，对课程目标、课程内容进行分级分类描述，对课程评价理念、维度与方式进行介绍，并根据全球中文教学主流模式将主题、语言知识、文化知识及课堂交际活动设计有机整合在一起，为教学提供便利的参考内容。同时提供资源手册，使用者可以根据教学实际情况，参考选择所需要的内容，制订个性化的教学大纲、资源研发纲目或教学计划等。

3. 针对性原则

《大纲》专门针对大学及社会成人中文教学。课程目标充分考虑大学外语课程的特点，设定为中文综合运用能力、文化能力、学习和思辨能力、情感和态度四个方面，其中中文综合运用能力是核心。教学内容充分考虑成人第二语言学习的特点，设计相关话题、活动、语句、词汇、语法与文化点示例。附录中还配有专门针对大学及社会成人中文教学的常见教学模式课例、课程评价样表及样题等。

4. 通用性原则

《大纲》广泛吸收了世界各国大学及社会成人中文教学的成果与经验，课程目标、课程内容、课程评价以及常见教学模式课例等既照顾到发达地区的特点，也考虑到发展中地区的需求，力图体现大学及社会成人中文教学的普遍性规律，为教学实践提供思路。使用者可以参考《大纲》所提供的内容，根据自己的教学情境直接使用或因地制宜地加以调整。

（三）适用对象

《大纲》旨在为国际中文教育工作者和大学中文学习者以及非学历教育的学校、机构中的成人学习者提供服务。

国际中文教育工作者包括在世界各国从事面向大学生及社会成人中文教学的教师、教学管理者、教学资源研发者及教学评价者。

（四）内容

《大纲》包括正文、附录和资源。正文对大学阶段中文课程目标、课程内容、课程评价进行详细描述，是《大纲》的主体部分；附录部分提供常见教学模式课例、评价样表与样题。资源单独成册，主要包括现代汉语知识介绍、汉语拼音声韵调、普通话声韵拼合表、按等级排列的音节表、分类分级词表、倒序词表、常用汉字部件表、50首经典古诗词、50首中文教学常用歌曲名录等内容。这些内容可以为教师的教学实践和专业发展提供参考，扫描封底二维码可获取。

《大纲》划分为三等九级，与《标准》相一致。

1. 课程目标

课程目标包含课程总目标与分级目标。

大学及社会成人中文课程总目标是使学习者在学习中文知识和相关文化知识的基础上，具备良好的中文综合运用能力，并在中文学习和应用过程中进一步提升文化能力、学习能力、思辨能力以及人文素养，拓展国际视野，在社会文化生活中发挥更加积极的作用。

《大纲》从语言理解、语言表达和人际沟通三个方面通过列举典型任务的方式对中文综合运用能力进行分级目标描述。语言理解、语言表达和人际沟通是对语言交际行为的分类，分别代表了语言的输入、输出与互动，是学习者语言综合运用能力的直观表现，并间接体现学习者的语言知识水平，也在一定程度上反映学习者的综合素养，包括文化能力、学习和思辨能力、情感和态度。

课程目标的描述采用了"能做"方式，如语言理解中的"能听懂""能看懂"、语言表达中的"能介绍""能表达"、人际沟通中的"能讨论""能交流"等。这种描述方式可以让教师直观地了解每一级对学习者语言综合运用能力的要求。

2. 课程内容

《大纲》课程内容由主题、语言知识、语言技能、文化知识和学习策略五大部分共同构成。主题可以联结、统领其他内容；语言知识和语言技能是学习者进行语言综合运用的基础；文化知识为培养学习者的文化能力提供内容资源；学习策略为学习者学习和思辨能力的提升提供具体的方式方法。

本大纲的主题包括个人与社区、学习与工作、社会与生活、自然与科技、中国与世界五大范畴。每一范畴下又划分出不同的子主题，子主题下有若干话题内容。大纲的主题划分是在对全球中文及其他第二语言教学或课程大纲大数据分析的基础上归纳整理而成的，基本能够覆盖当前国际上主流第二语言教学领域的常见主题。不同主题各有侧重，但没有绝对界限，部分话题会根据侧重点的不同分别放入不同的主题。

语言知识主要包括语音、词汇、语法、汉字。《大纲》将语言知识中的词汇、语法点与主题进行有机结合。在以主题为纲的教学（这也是目前国际上主流的教学方式）中，教师碰到的重要课题之一就是如何将分等级的词汇、语法点与所要讲授的主题结合起来。《大纲》在主要教学内容呈现时，示范性地提供每一个子主题或话题下可能出现的词汇、语法点及相关文化点，并提供相应的语句示例和交际活动示例。各主题之间没有先后顺序之分，在具体课程大纲的编写或实际教学中，教师可从不同主题中选取相应话题，参考所提供的词汇、语法、文化点进行教学设计。以主题为纲的教学中，教师可以结合具体选用的话题内容，采用集中教学或分阶段教学的方式开展拼音教学，并对汉字识读或手写做出相应的要求。

语言技能包括听、说、读、写、译等方面的技能及其综合运用。《大纲》对以语言技能为纲的教学内容进行了分级描述，详细提供了每一项语言技能在每一个等级中需要学习的内容范围及标准，如初等1级"听"的内容为：发音标准、语音清晰、语速缓慢的词语、单句或简短对话。

学习策略是现代第二语言教学的重要内容。《大纲》中的学习策略主要包括元认知策略、认知策略、交际策略、情感策略等内容。学习策略一般不受学习者语言水平的直接影响，同一策略可以在不同等级中出现，不同策略也可以在同一等级中学习。因此，策略部分的内容在《大纲》中不做分级描述。使用者可以根据自己教学的实际需求，从中选取一个或多个不同的策略进行教学。

3. 课程评价

《大纲》课程评价着眼于对学习者的学习过程和学习结果做出定量和定性评定，由评价理念、评价维度、评价方式三部分组成，并提供相应评价样表与样题。

《大纲》秉持以评促学、以评促教、全过程评价的理念。

基于这样的理念，《大纲》提出国际中文教学课程评价的评价维度是多样的，包括语言知识、语言技能、文化能力、策略能力，以及语言理解、语言表达和人际沟通等不同维度。

国际中文教学课程评价的评价方式主要包括形成性评价和终结性评价两条评价路径，以及达标性评价和增值性评价两种评价基准。

《大纲》认为课程评价主体应该是多元的，以教师评价为主，其他主体评价为辅。

（五）特点

1. 以《标准》为本

《大纲》以《标准》为指导组织内容。《大纲》在等级划分方面与《标准》保持高度一致，每一级所达到的水平要求也与《标准》保持一致。

《大纲》课程目标、课程评价以《标准》为参照，与《标准》对不同等级学习者水平的能力描述保持一致；《大纲》课程内容所涉及音节、词汇、语法、汉字等均以《标准》为参照。

2. 框架模块化

《大纲》整体框架由不同层级的课程目标、课程内容、课程评价等模块组成。使用者可以根据使用目的、教学对象的不同，从各级模块下选取一项或多项内容重新组合，编制所需要的教学大纲或教学材料。

3. 内容主题化

《大纲》与国际上主流的以主题为纲的外语教学大纲接轨，在内容方面采取主题化的编排方式，除语言技能与学习策略内容模块外，语言知识和文化知识均围绕主题安排，将话题内容、交际活动、词汇、语法、文化点有机组配，使其更便于在教学中使用。

由于教学情境千差万别，主题化的教学内容无法穷尽所有话题内容、交际活动、词汇、语法点与文化点，因此《大纲》中所呈现的内容均为例举。

4. 等级规范化

《大纲》以《标准》为依据划分等级。每一个等级的课程目标与《标准》所要求达到的水平保持高度一致；每一个等级的课程内容所涉及的音节、词汇、语法、汉字等也均以《标准》为参照。

　　《大纲》由教育部中外语言交流合作中心、中文联盟、北京大学、北京师范大学、北京外国语大学、北京语言大学、复旦大学、华东师范大学、南京大学、上海健康医学院、中国人民大学等多家单位起草，得到了世界各地 300 余名教师的帮助。我们衷心感谢所有参与研制工作的教师。《大纲》的不足及疏漏之处，欢迎广大读者提出改进意见，以便进一步修订完善。

《国际中文教学通用课程大纲》研发组

目　录

第一章　课程目标

一、总目标

大学中文课程旨在使学习者在学习中文知识和相关文化知识的基础上，具备良好的中文综合运用能力，并在中文学习和应用过程中进一步提升文化能力、学习能力、思辨能力以及人文素养，拓展国际视野，在社会文化生活中发挥更加积极的作用。

大学中文课程所承担的培养目标主要包括四个方面：中文综合运用能力、文化能力、学习和思辨能力、情感和态度。上述四个目标之间是相互促进的关系，其中，中文综合运用能力是中文课程的核心目标。

大学中文课程的目标及其结构关系见图1：

图1　大学中文课程目标结构关系图

学生通过中文课程的学习，在上述四方面应达到如下目标：

中文综合运用能力

运用听 / 读技能以及相关听 / 读理解策略，准确、顺畅、充分地获取各类信息，理解语篇内容、情感倾向以及社会文化内涵，有效完成各类语言理解活动。

运用说 / 写技能以及相关说 / 写表达策略，准确、顺畅、充分、得体地传递信息、表情达意，有效完成各类语言表达活动。

综合运用听、说、读、写、译各项技能和各种交际策略，遵循相关社会文化规约，顺畅、有效、得体地完成语言交际。

文化能力

将语言学习与文化学习相结合，了解中华文化和当代中国社会，拓展国际视野，加深对世界文化多样性的认识。

理解中华文化内涵以及中华文化在世界多元文化中的价值，关联中华文化和本国文化，并在文化比较中深化对中华文化和本国文化的认识。

适应中外跨文化情境，恰当处理文化差异问题，提升跨文化背景下的人际交往、合作交流和共处能力。

学习和思辨能力

运用多种学习策略，利用各类学习资源，有效促进中文学习，提高中文学习能力。

通过中文获取知识和信息，并基于中文学习材料和各类中文信息资源开展深层次思考，不断提升理解、概括、分析、比较、推断、批判、评价、创造等思维能力。

情感和态度

在学习过程中体验中文学习的乐趣和成就感，提升对中文和中文学习的积极情感，强化学习动机，积极参与中文活动。

明确学习目标，端正学习态度，养成良好的学习习惯，积极思考，主动学习，勇于克服困难。

好学上进，乐于交流，理解和尊重他人，增强团队合作意识，积极参与跨文化交流活动。

二、分级目标描述

以下从语言理解、语言表达和人际沟通三方面通过列举典型任务的方式对中文综合运用能力这一中文课程核心目标进行分级描述。

　　语言理解、语言表达和人际沟通是对语言交际行为的分类。语言交际行为中蕴含着听、说、读、写、译等语言技能，语言交际行为可能是仅与某一项技能相关的单向行为（如理解或表达），也可能是体现多项技能综合运用能力的、双向互动的行为（如人际沟通）。

　　语言理解、语言表达和人际沟通三种语言交际行为是语言综合运用能力的直观表现，蕴含着语言知识综合运用能力，并间接体现学生的语言知识水平。语言知识教学可以有不同的教学途径，根本目标是培养语言综合运用能力。

　　语言理解、语言表达和人际沟通三种语言交际行为不仅体现着语言综合运用能力的发展水平，也在一定程度上反映学生的综合素养，包括文化能力、学习和思辨能力、情感和态度。文化能力、学习和思辨能力、情感和态度的发展是一个综合性过程，这里不做分级描述。

初等 1 级	
语言理解	能听懂常用的教学用语，如"打开书""你来说"等课堂活动指令。
	能听懂简单的词语和句子，如同学的周末活动邀请。
	能借助拼音和词典获取某些基本的书面信息，如看懂中文环境中的一些简单的标牌和标识。
语言表达	能用简单的词语和句子表达自己的能力、喜好、愿望、打算等，如告诉对方自己的打算。
	能用汉字填写最基本的个人信息，如自己的性别、国籍。能利用电子输入方式书写简单的句子和语段。
人际沟通	能与他人简单寒暄，如谈论天气，简单交流学习和生活情况。
	能用简单的句子进行日常交际活动，如日常购物，约请对方见面等。
	能进行简单的书面交流，如互发问候语。
初等 2 级	
语言理解	能听懂比较简单的通知，如老师关于某个活动安排的说明。
	能听懂一些关于日常话题的比较简单的话语，如有关校园或日常生活的简单故事。
	能借助词典看懂比较简单的书面语篇，如用简单的汉字书写的便条、留言、邮件。
语言表达	能用比较简单的话语向他人提出请求，如请同学帮忙，向老师请假等。
	能用比较简单的话语谈论日常生活中的问题，如说明自己哪里不舒服。
	能以书面形式向他人传达简单的信息，如写简单的留言条，利用社交软件向他人发送简短的信息。
人际沟通	能用比较简单的话语与同学分享关于某些中华文化产品的感受，如交流对中国饮食的感受。
	能用比较简单的话语进行日常交际活动，如在问路、购物、就餐过程中与他人进行一些简单的交流和协商。
	能进行比较简单的书面交流，如通过电子邮件与中国朋友互相了解对方的生活习惯和兴趣爱好。

初等 3 级	
语言理解	能听懂比较简单的叙述性话语，并了解主要细节，如听懂比较简单的故事，了解故事的基本情节。 能听懂围绕某个主题的比较简单的介绍或说明，如中文导游关于某个景点特色的简单介绍。 能借助词典看懂特定语境下一些比较简单的书面介绍，如一场中文演出的节目单和相关节目的简单介绍。
语言表达	能用中文比较完整、流畅地叙述一件事的发生过程，如讲一个简单的故事。 能比较得体地表达个人愿望，如对对方的邀请和建议比较得体地表示拒绝，并简单解释原因。 能写结构比较完整的文章，比较清楚地表达自己的观点，如分析互联网给人们的生活带来的影响。
人际沟通	能与同学就某一话题分享主要观点，如与同学交流对环境保护问题的看法。 能比较自如地进行中文日常交际活动，如在问路、购物、就餐过程中用中文解决具体问题。 能进行比较充分的书面交流，如通过电子邮件或社交软件与中国朋友互相介绍本地和中国主要节日的习俗，并做简单的对比和分析。
中等 4 级	
语言理解	能在自己感兴趣的话题范围内基本听懂、看懂中文媒体上的相关内容，如电视上的某些节目、报刊上的某些文章。 能基本看懂与已有知识背景相关的中文资料，如与本国历史相关的中外文化交流故事。 能基本看懂比较正式的通知、说明等，如商店的营业信息公告、媒体上的活动海报等。
语言表达	能比较完整、连贯、清楚地叙述一件事情，如介绍一次旅游经历。 能比较完整、连贯、清楚地说明一个物品或物体，如介绍一种具有当地特色的食物。 能比较完整、规范地撰写应用性文本，如海报、活动计划、总结报告。 能进行非正式场合下简单的口译活动，如一些日常话题内容的翻译。

人际沟通	能与同学就某一话题分享信息和观点，如与同学谈论当地某个新闻事件的细节，并交换看法。 能参与社区的中文文化活动，如与中文社区的人们开展一些比较具体的交流。 能通过社交软件或电子邮件等形式与他人进行比较具体的书面交流，如与中国朋友交流学习和生活情况的某些细节问题。

中等 5 级

语言理解	能基本听懂、看懂中文媒体上的一般性内容，如通俗性、娱乐性电视节目，中文报刊上的一般性文章。 能基本看懂与某一学科主题相关的中文资料，如关于中国某个历史事件的介绍。 能基本看懂比较正式的书面信函、公告等，如公司的招聘启事、某活动的注意事项等。
语言表达	能在学校或社区的文化活动中发挥中文特长，如表演中文短剧。 能比较生动、流畅、详细地叙述一件事情，如报告一次调研活动的详细过程。 能比较清楚、详细地说明一个物品，如介绍某个家用电器的主要部件、功能和用法。 能比较概括、简洁、清晰地报告一个事件，如撰写关于学校某个活动的简短报道。 能撰写结构完整的议论文，比较清楚地表达自己的观点，并进行一定的阐释和论证，如比较和分析中外饮食文化的差异。 能进行非正式场合下比较简单的口译活动，如为中国朋友口头翻译当地公共场合的一些书面标志或告示。
人际沟通	能与同学就某一话题进行比较充分、深入的交流，如与同学交流对某个社会事件的看法。 能参与社区中文文化活动的组织工作，如协助社区或当地社团组织中文文化活动。 能通过社交软件或电子邮件等形式与中文母语者进行比较充分的交流，如与中国朋友交流对某种社会现象的看法。

	中等 6 级
语言理解	能听懂、看懂中文媒体上的一般性内容，如听懂大多数电视节目，看懂中文报刊上的评论性文章。 能听懂略带方音或包含不规范语言现象的普通话，比较准确地理解说话人的意图以及话语中的一些文化内涵，如在中国朋友家里做客并与其家人进行比较随意的、话题松散的交谈。 能看懂实用性说明材料，如某个产品的说明书。 能理解熟悉的专业领域内的中文资料，如搜索某一专业主题相关的中文文献，并进行梳理和分析。
语言表达	具有一定的运用中文进行创作的能力，如创作或改编中文短剧，并与同学一起表演。 能就某一领域相关内容在班里做口头报告，如对比中国和本国的养老模式并进行分析。 能用中文撰写多种文体的文章，包括记叙文、议论文、说明文和应用文，语言规范，表达手段比较丰富，如写游记、时事评论，起草交通指南。 能选择适当的语体进行表达，如撰写比较正式、得体的自荐信或求职信。 能承担非正式场合的口译活动，如为来访的中国客人担任中文口译。
人际沟通	能与同学就某个话题进行充分、深入的交流，如与同学交流读书心得或关于某个文化产品的看法。 能参与或组织学校的中文文化活动，如与同学一起策划、组织中国文化讲座。 能通过社交软件或电子邮件等形式与中文母语者进行充分、深入的交流，如与中国朋友交流对某个热点问题的看法。
	高等 7～9 级
语言理解	能听懂、看懂中文媒体上的大部分内容，如中文电视或报纸上的新闻和专题报道。 能看懂各类文学性作品或实用性文件，如现代小说、协议文本等。 能使用中文进行专业性活动，如听学术报告、阅读本专业领域的论文或公司的业务资料。 能对中文文化产品的文化内涵有比较深刻的理解，并保持稳定的兴趣，如能看懂中文电影并比较深刻地理解电影内涵。

语言表达	能在正式场合发表演讲，表达流畅、得体、生动，观点明确，逻辑清晰，如用中文阐述自己关于全球化问题的看法。 能撰写规范、得体的应用性文件，如为本国某个机构起草与中国合作方开展业务往来的正式信函。 能使用中文进行专业性活动，如就熟悉的专业内容做比较深入的口头报告，撰写规范的学术论文。 能承担较正式场合的口译和笔译任务，如在欢迎中国来访团队的仪式上担任口译。
人际沟通	能在正式活动中参与一般性讨论或辩论，如就环保领域某一问题阐述自己的观点并与对方展开讨论。 能在熟悉的专业、行业领域与中文母语者进行学术讨论或用中文开展业务活动，如医学专业的学生能与中国同行讨论治疗方案，能用中文与病患交流。 能就熟悉的专业、行业领域内的问题与他人进行详细的书面沟通和讨论，如就双方合作协议的具体条款进行商谈。

第二章　课程内容

中文课程内容由主题、语言知识、语言技能、文化知识和学习策略五大部分构成。它们是一个相互关联的有机整体，共同构成中文课程的内容基础。主题为语言学习提供语境范畴，并且可以联结、统领其他内容；语言知识和语言技能是学习者进行语言综合运用的基础；文化知识为培养学习者的文化能力提供内容资源；学习策略为学习者学习和思辨能力的提升提供具体的方式方法。

本大纲课程内容分三部分进行描述：

（1）主题、语言知识、文化知识内容。该部分采取主题化的设计方式，按照不同的等级，将语言知识、文化知识通过主题有机组合在一起，同时提供基于主题的活动设计示例。语言知识与学习者语言水平密切相关，单纯借助学习者母语讲授的文化知识跟学习者的中文语言水平没有必然联系，但把文化学习和学习者的中文语言学习紧密结合起来，可以帮助学习者在语言学习的过程中了解中华文化和当代中国社会，拓展国际视野，加深对世界文化多样性的认识，因此文化知识可以借助主题与语言知识关联起来，并区分不同等级。

（2）语言技能内容。根据听、说、读、写、译五项技能，分不同等级对课程内容进行描述。其中初等水平不包含译的技能内容。

（3）学习策略内容。学习策略包含元认知策略、认知策略、交际策略、情感策略等，不受学习者语言水平的直接影响，同一策略可以在不同等级中出现，不同策略也可以在同一等级中学习。

一、主题、语言知识、文化知识

主题为语言学习提供语境范畴，课程内容可以以主题为纲，围绕主题安排不同的话题、交际活动，提供适用于该主题的语句、词汇、语法及汉字。

　　本大纲主题包括个人与社区、学习与工作、社会与生活、自然与科技、中国与世界五大范畴。其中个人与社区分为个人信息、日程与爱好、家庭关系、社区文化四个子主题；学习与工作分为学校生活、教育与未来、日常生活、职业规划四个子主题；社会与生活分为日常生活、休闲娱乐、社会交往三个子主题；自然与科技分为自然环境、人类与健康、媒体、数字技术四个子主题；中国与世界分为语言文字、文学艺术、国家民族、思想与传统四个子主题。每个子主题下又包括不同的话题，如个人信息包括姓名、性别、年龄、国籍、生日、体貌、联系方式等话题。不同主题各有侧重，但并没有绝对界限，有些话题可以同时属于两个不同的主题，如动物，当我们谈论宠物（如猫、狗）的时候，它属于个人与社区中的日程与爱好子主题；当我们谈论动物和植物的时候，它属于自然与科技下的自然环境子主题。

主题	子主题	话题内容举例
个人与社区	个人信息	姓名、性别、年龄、国籍、生日、体貌、联系方式
	日程与爱好	日常规程（起床、吃喝、睡觉等）、性格、情感、技能、宠物、爱好
	家庭关系	亲属称谓、婚姻、家庭形式、亲属关系、家庭活动
	社区文化	邻里、社区设施、社区服务、节日、风俗文化
学习与工作	学校生活	老师、学生、教学设施、学习工具和资源、时间、课程、考试、校历、社会实践活动
	教育与未来	学科、学历、升学、教育体制、校外学习、未来计划
	日常工作	职业、职务、日常办公、工具和技术、合约与规定、薪酬
	职业规划	行业、就业、失业、创业、未来规划
社会与生活	日常生活	交通、居住（买房、租房）、饮食（茶、酒）、购物（品牌、网购常用语）、银行（理财）、邮政物流
	休闲娱乐	假期、运动、旅行、阅读、音乐、影视
	社会交往	礼貌用语、社会关系、恋爱择偶、社交活动（聚会、毕业典礼、婚礼、葬礼等常见场合）、社交礼仪（邀请、建议、拒绝、命令、劝说等）

（续表）

主题	子主题	话题内容举例
自然与科技	自然环境	气候、地理、动植物、环境保护
	人类与健康	人体、健康、就医、生活方式
	媒体	广告、新闻出版、广播、影视剧、娱乐节目、社交媒体
	数字技术	计算机、互联网、机器人、电子设备（手机、平板电脑、移动存储等）、数字产品（数字媒体、数字应用、电子商务、人工智能、物联网等）
中国与世界	语言文字	语言名称、文字与拼音、方言和词汇、网络流行语、语言的历史与交流
	文学艺术	文学（小说、诗歌、散文等）、绘画、书法、建筑、名胜古迹
	国家民族	国家、城市、民族、人口、名人、经济、产业、国际交往、时事问题
	思想与传统	家庭观念、恋爱观、以和为贵、传统美德（谦虚谨慎、勤俭节约、尊老爱幼）等

语言知识主要包括语音、词汇、语法、汉字。《大纲》将语言知识中的词汇、语法与主题进行有机组合。教师可结合具体选用的话题内容，采用集中教学或分阶段教学的方式开展拼音教学，并对汉字识读或手写做出相应的要求。

以主题为纲的课程内容，示范性地提供每一个子主题或话题下可能出现的词汇、语法点及相关文化点，并提供相应的语句示例和交际活动示例。各主题之间没有先后顺序之分，在具体课程大纲的编写或实际教学中，教师可从不同主题中选取相应话题，参考所提供的词汇、语法点、文化点进行教学设计。

主题一：个人与社区

初等（1~3 级）

1 级

子主题	话题示例	活动示例	语句示例
个人信息	姓名、年龄、生日、电话、籍贯	1. 初次见面，同学之间互相介绍自己。 2. 与同学、朋友简单寒暄。 3. 看照片介绍家庭成员。 4. 填写一份简单的活动报名表。	1. 我的名字叫李红，认识你很高兴。 2. 他们都是中国人。 3. 我今年 18 岁。 4. 我的生日是 2012 年 8 月 2 号。 5. 你的手机号是多少？
日程与爱好	生活作息、爱好、朋友		1. 我早上七点起床，八点去学校。 2. 你有没有女朋友？ 3. 你有什么爱好？ 4. 你喜欢打球还是玩儿电脑？ 5. 我喜欢一边看手机，一边吃饭。
家庭关系	家庭成员、家族情感		1. 你家有几口人？ 2. 我有一个姐姐，还有一个弟弟。 3. 我爷爷奶奶不和我们一起住。 4. 我爱我的家人。

2 级

子主题	话题示例	活动示例	语句示例
个人信息	长相、身高、穿着	1. 四人一组，模拟朋友聚会，聊自己的爱好。	1. 她的眼睛又大又亮。 2. 她的个子高高的，头发长长的，很漂亮。 3. 他好像有一米八高。 4. 她穿着一件白色的大衣。

词汇示例	语法点示例	文化点示例
名字、你、叫、姓、认识、岁、我们、他们、同学、网友、男朋友、介绍、生日、手机	1. 疑问代词：谁、什么、几、多少 2. 人称代词：我、你、他 3. 范围、协同副词：都₁ 4. 关联副词：还₁ 5. 否定副词：不	1. 见面与告别时的礼节 2. 中国人姓名的表述 3. 中国的姓氏文化
爱好、唱歌、吃饭、打球、电脑、电影、读书、好玩儿、起床、早饭、喝、睡觉、时间、上网、喜欢、休息、星期日（天）	6. 结构助词：的₁ 7. 表示时间、处所的词语作状语 8. 主谓句2：形容词谓语句 9. 疑问句： （1）是非问句 （2）特指问句 （3）正反问句	4. 中国人过生日的传统习俗 5. 有关送礼的习俗与禁忌 6. 中国的十二生肖及关于属相的传说
爸爸、妈妈、哥哥、弟弟、姐姐、奶奶、爷爷、孩子、家人、家里、女儿	10. "是"字句：表示等同或类属 11. "有"字句1：表示领有 12. 并列复句：一边……，一边…… 13. 时间表示法：年、月、日、星期表示法 14. 用"还是"提问	7. 中国的人口政策 8. 中国人的亲属称谓 9. 中国传统的家族观念

词汇示例	语法点示例	文化点示例
个子、白色、红色、黑色、黑、黄色、颜色、脸、亮、难看、漂亮、球鞋、舒服、头、腿、鞋、样子	1. 动词重叠：AA、A一A、A了A、ABAB 2. 指示代词：那么 3. 形容词重叠：AA、AABB 4. 频率、重复副词：经常	1. 见面与告别时的礼节 2. 中国人姓名的表述

子主题	话题示例	活动示例	语句示例
日程与爱好	习惯、计划、爱好、个人特长	2.设计一张生日贺卡。 3.以小组为单位，讨论制订一份合理的生活起居计划。 4.给朋友写信聊聊近况。	1.我星期天经常和女朋友看电影或者听音乐会。 2.我喜欢听着音乐看书。 3.弟弟小时候就不喜欢吃巧克力。 4.他喜欢唱歌，而且唱得很好听。
家庭关系	家人关系、情感、家庭活动		1.姐姐比我大两岁。 2.他觉得家人比工作更重要。 3.他是在读大学的时候认识他爱人的。 4.我没有弟弟那么爱玩儿。
社区文化	交朋友、聚会、社交礼节、通信手段		1.我交了很多好朋友。 2.虽然很多人一起玩儿有意思，但是一个人玩儿也很好。 3.大家你看看我，我看看你，不知道应该怎么办。 4.为我们的健康干杯！

3级

子主题	话题示例	活动示例	语句示例
个人信息	性格、情感、个人愿望	1.两人一组，根据同伴的描述找出目标人物。	1.她性格很好，大家都很喜欢她。 2.我害怕极了。 3.我这次考试考得很差，心里难受死了。 4.自从上次感冒了，我就不敢不穿大衣了。 5.要是能穿得跟她一样漂亮就好了。

词汇示例	语法点示例	文化点示例
计划、爬山、明星、习惯、理想、满意、参观、排球、网球、运动、音乐会、影片、照相 爱人、爱情、懂得、道理、感到、家庭、家长 感谢、感觉、感动、交朋友、接受、客人、老朋友、礼物、请客、热情、短信、故事、好人、坏人	5. 情态副词：好像 6. 语气副词：就₂ 7. 介词（引出目的、原因）：为₁ 8. 连词（连接分句或句子）：但、但是、而且 9. 结构助词：得 10. 动态助词：着 11. 短语结构类型：连谓短语 12. 固定格式：又……又…… 13. 状态补语1：动词＋得＋形容词性词语 14. "有"字句2：表示评价、达到 15. 比较句2： 　（1）A比B＋形容词＋数量补语 　（2）A比B＋更／还＋形容词 16. "是……的"句1：强调时间、地点、方式、动作者 17. 持续态：动词＋着	3. 中国的姓氏文化 4. 中国人过生日的传统习俗 5. 有关送礼的习俗与禁忌 6. 中国的十二生肖及关于属相的传说 7. 中国的人口政策 8. 中国人的亲属称谓 9. 中国传统的家族观念

词汇示例	语法点示例	文化点示例
感情、感受、观念、害怕、好奇、话题、坚持、经历、经验、乐观、乱、美丽、强烈、情感、身份证、伤心、痛苦、完美、显得、性格、愿望、职业	1. 能愿动词：敢、需要 2. 动宾式离合词、动补式离合词 3. 疑问代词的非疑问用法： 　（1）任指用法 　（2）不定指用法 4. 指示代词：各 5. 动量词：顿 6. 程度副词：相当 7. 方式副词：互相、相互	1. 见面与告别时的礼节 2. 中国人姓名的表述 3. 中国的姓氏文化 4. 中国人过生日的传统习俗 5. 有关送礼的习俗与禁忌

子主题	话题示例	活动示例	语句示例
日程与爱好	个人特长、休闲娱乐、饮食偏好	2. 以小组为单位，交流自己擅长的事情。 3. 向全班介绍一个你认为最有趣的朋友。	1. 我跳舞跳得相当好，可是唱歌唱得一般。 2. 从大学一年级起，我就开始学武术了，越学越喜欢。 3. 这么难的歌我唱不好。 4. 除了跳舞，我没有其他爱好。 5. 她太喜欢这个话剧了，一遍一遍地看。
家庭关系	父母关系、尊老爱幼		1. 我父母结婚二十多年了。 2. 我们能顺利长大，当然离不开父母的照顾和教育。 3. 小时候我只要做错事情，就会被爸爸批评一顿。 4. 吃了晚饭我们就一起去散步。 5. 为了给我们做早饭，妈妈每天都需要起得很早。
社区文化	朋友交往、（租）住房、邻里关系		1. 我好像在哪儿见过你。 2. 不要各做各的、谁也不帮谁，要相互帮助。 3. 我想赶紧在学校周围租一个房子。 4. 我为朋友买了一束花，祝他生日快乐。 5. 大家是同学，要是有困难，都会互相帮助。

中等（4~6级）

4级			
子主题	话题示例	活动示例	语句示例
个人信息	性格、相貌、体态	1. 以小组为单位，讨论你们眼中理想的爱人应具有什么样的相貌与性格。	1. 吴先生是个格外有趣的小老头儿，附近的年轻人都爱听他讲故事。 2. 她改掉了大吃大喝的坏习惯，健康状况越来越好，看起来也更漂亮了。 3. 你去参加晚会，说什么也得穿得漂亮点儿啊。
日程与爱好	喜爱的明星、爱好的俗雅		1. 对这个歌手，我一天比一天更喜欢。 2. 他太喜欢喝茶了，不管去哪里，都得带着茶叶。 3. 你不会连这部电影都没看过吧？

词汇示例	语法点示例	文化点示例
播放、电视剧、歌迷、歌手、歌声、话剧、互联网、欢乐、划船、京剧、精彩、剧场、连续剧、绿茶、咖啡、果汁、啤酒、奶茶、球迷、跳舞、收音机、玩具、武术、演唱会、演员、影视	8. 介词（引出时间、处所）：自从 9. 介词（引出对象）：为₂ 10. 介词（表示排除）：除了 11. 数量重叠：数词＋量词＋数词＋量词 12. 固定格式：从……起；越……越…… 13. 程度补语1：形容词／心理动词＋得很／极了／死了 14. 数量补语5（动词＋时量补语）：表示动作结束后到某个时间点的间隔时间 15. 主谓句4：主谓谓语句 16. 被动句1：主语＋被／叫／让＋宾语＋动词＋其他成分 17. 重动句：主语＋动词＋宾语＋动词＋补语 18. 假设复句：要是……，就…… 19. 紧缩复句：……了……（就）……	6. 中国的十二生肖及关于属相的传说 7. 中国的人口政策 8. 中国人的亲属称谓 9. 中国传统的家族观念
父母、父亲、母亲、家属、离婚、结婚、亲人、退休、幸福、子女		
爱心、搬家、房东、房屋、房租、家具、空调、共同、关系、交流、交往、熟人、通信、卫生间、祝、做客		

词汇示例	语法点示例	文化点示例
表情、保守、笨、善良、诚实、粗心、沉默、勇敢、勇气、梦想、调皮、机遇、穿上、袜子、外套、围巾、前途、身材、身高、体重、矮小	1. 能愿动词：得 2. 程度副词：格外、极其 3. 固定短语：大A大B 4. 固定格式：在……上／下／中；一＋量词＋比＋一＋量词 5. 多项定语 6. 趋向补语3（表示结果意义）：动词＋上／出／起／下	1. 中国各领域受欢迎的明星 2. 当代中国人的婚恋观念 3. 中国人的称谓变迁
采访、操场、茶叶、唱片、抽烟、登山、动画片、方案、感兴趣、光盘、健身、酒吧、零食、乐趣、拍照、善于、有趣		

子主题	话题示例	活动示例	语句示例
家庭关系	婚恋、家庭生活模式、家庭分工	2. 调查活动：调查班级同学的爱好。	1. 我是在父亲的支持下开始学中文的。 2. 他买了一个扫地机，好让自己和妻子少做一点儿家务。 3. 昨天我去参加了一个婚礼，新郎新娘的故事给我留下了极其深刻的印象。
社区文化	称谓变迁、社区设施、社区服务	3. 写一则寻人启事。	1. 我家附近盖起了一座购物中心，生活方便多了。 2. 大妈，我不是在和您争论，而是想和您讨论出一个更好的办法。 3. 那个时候大家住在一起，不管谁家遇到困难，大家都会想办法帮忙。

5级

子主题	话题示例	活动示例	语句示例
个人信息	梦想、特长、相貌	1. 两人一组，模拟通过网络交朋友，向网友介绍个人基本信息。	1. 王明上大学时参加了一个美术班，开始学习画画儿，画着画着就变得很有名了，到目前为止，他已经得了五次大奖了。 2. 尽管她身材不高，打扮也很普通，刚一看好像没有什么特点，可是仔细看就会发现，她的眼睛又大又亮，好像会说话一样。 3. 我希望自己能成为一个意志坚定的人，无论遇到什么困难，都能坚持下去。
日程与爱好	网络文化、传统文化	2. 以小组为单位，分享发生在自己和邻居之间的一件有趣的事情。	1. 我已经一分钟也离不开网络了，因为通过网络，不但可以随时和世界各地的朋友联系，而且还可以很方便地查找资料。 2. 我最近喜欢上了射击，迷得不得了，每个星期都要去俱乐部玩儿。 3. 在我看来，网络确实给我们带来了很多便利，但是也带来了一些社会问题。

词汇示例	语法点示例	文化点示例
阿姨、叔叔、宝宝、夫妇、夫妻、夫人、家务、权利、严格、义务、婚礼、姐妹、兄弟、老公、丈夫、老婆、妻子、孙女、孙子、新郎、新娘、童年、兴趣、约会、亲密	7. 存现句2（表示出现）：处所词＋动词＋趋向补语/结果补语＋动态助词（了）＋数量短语＋人/物 8. 并列复句：不是……，而是…… 9. 条件复句：不管……，都/也…… 10. 目的复句：……，好…… 11. 用"连……也/都……"表示强调 12. 口语格式：说什么/怎么（着）也得X	4. 中国当代社会父母与子女的关系现状 5. 中国人"望子成龙，望女成凤"的传统思想 6. 中国人的面子文化
爱护、表扬、诚信、大哥、大姐、大妈、大爷、好友、伙伴、交际、居民、聚会、看不起、问候、赞赏、赞成、招呼、争论、祝福		

词汇示例	语法点示例	文化点示例
鼻子、聪明、打扮、大胆、胆小、风度、高跟鞋、国籍、快活、浪漫、面貌、皮肤、皮鞋、神情、体力、西装、心态、修养、严肃、眼光、意志、幽默、真诚、羽绒服	1. 时间副词：仍旧、依旧、一向 2. 固定短语：A着A着 3. 固定格式：到……为止；在……看来 4. 多项状语 5. 趋向补语4（表示时间意义）：动词＋下去/下来 6. 程度补语2：形容词/动词＋得＋不得了/慌/厉害 7. 状态补语2：动词/形容词＋得＋短语 8. 转折复句：尽管……，但是/可是…… 9. 二重复句1：单句＋复句；复句＋单句	1. 中国各领域受欢迎的明星 2. 当代中国人的婚恋观念 3. 中国人的称谓变迁 4. 中国当代社会父母与子女的关系现状
扮演、博览会、餐馆、白酒、大奖赛、俱乐部、钢琴、歌曲、射击、书法、戏剧、微博、休闲、羽毛球		

子主题	话题示例	活动示例	语句示例
家庭关系	父母对孩子的期待、家庭结构模式、长幼关系	3. 全班一起，讨论合理的父母子女相处模式。	1. 兄弟姐妹之间吵归吵，闹归闹，有困难的时候还是一家人。 2. 作为父母，他们一向都很尊重自己的儿女们，从来没有骂过他们，更没打过。 3. 小时候，不论我的问题多么奇怪，父亲总是耐心地回答我，鼓励我不断发现问题并寻找答案。
社区文化	面子、邻里关系、礼让		1. 这可是社区的规定，你喜欢也得遵守，不喜欢也得遵守。 2. 邻居一听说我遇到了困难，马上就过来帮助我。我感动得不知道该说些什么。 3. 他一见到她，就知道一切都没变，她仍旧是那个住在对门的姑娘。多少个年头儿过去了，他依旧和以前一样爱着她。

6级

子主题	话题示例	活动示例	语句示例
个人信息	性格、志向与追求、义务责任	1. 列举你眼中的中国人的特点。 2. 与同伴讨论长大后应该承担哪些家庭责任。 3. 调查一下你同学的饮食习惯。	1. 她聪明、顽强，有坚定的意志，凡是定好的目标，她都非完成不可。 2. 输了就输了，没有什么好难过的。我们一同调整一下状态，继续努力，绝对不能放弃。 3. 无论长多大，变多老，爱永远是我们前进的动力。
日程与爱好	饮食偏好、培养爱好、作息习惯		1. 他养了一只兔子当宠物，就算圣诞节外出休假也都把它带在身边。 2. 她特喜欢吃这种蛋糕，甚至说自己能一口气吃下一百个呢。 3. 她总是穿着骑马装，只偶尔一两次不穿，因为不管有没有时间，她总想骑马，有了这个想法，她干脆一起床就穿上骑装。

词汇示例	语法点示例	文化点示例
安慰、报答、冲突、儿女、鼓励、关怀、恋爱、目光、耐心、舍不得、一辈子、尊敬		5. 中国人"望子成龙,望女成凤"的传统思想 6. 中国人的面子文化
拜访、抱怨、面子、群体、物业、社区、游泳池、祝贺、尊重、尊敬、遵守	10. 用副词"可"表示强调 11. 口语格式：X 归 X, Y 归 Y 12. 句群	

词汇示例	语法点示例	文化点示例
背心、懒、名誉、情绪、时装、岁数、踏实、拖鞋、外衣、顽皮、笑容、心愿、信仰、意愿	1. 程度副词：特 2. 范围、协同副词：一同 3. 方式副词：特意 4. 连词（连接词或词组）：而$_2$ 5. 固定短语：无 A 无 B；A 这 A 那 6. 固定格式：A 一+量词，B 一+量词	1. 中国各领域受欢迎的明星 2. 当代中国人的婚恋观念 3. 中国人的称谓变迁
宠物、动画、歌星、绘画、假日、开夜车、圣诞节、收藏、娃娃、文娱、舞蹈、戏曲、影星、娱乐、游戏机、乐曲	7. 趋向补语 5（表示状态意义）：动词/形容词+下来/下去/起来/过去 8. 承接复句：……便…… 9. 选择复句：要么……，要么…… 10. 条件复句：凡是……，都…… 11. 二重复句 2：复句+复句 12. 用"非……不可"表示强调	4. 中国当代社会父母与子女的关系现状 5. 中国人"望子成龙,望女成凤"的传统思想

子主题	话题示例	活动示例	语句示例
家庭关系	亲戚关系、家务分工、养老	4. 上宠物网站做个调研，写一篇关于人与宠物的报告。	1. 他们对家人总是充满关爱。周末要么去看望祖父祖母，要么去哥哥家帮他照顾孩子。 2. 跟爷爷奶奶住在一起的日子快乐而幸福。他们去世后，我无时无刻不想念他们。 3. 他以为奶奶正躺在床上休息呢，没想到她特意起来了，并且走到了门口迎接他。
社区文化	城市化、（租）住房、禁忌		1. 消息一传开，小区的微信群里便热闹了起来，大家你一句我一句地说起来。有人表示愤怒，要求物业道歉；有人建议物业和业主开个座谈会，一起讨论怎么解决问题。 2. 小时候，爷爷奶奶总是告诉我，不能做这做那。如果我在房子里打着伞玩儿，就非遭到批评不可，因为据说那样就长不高了。 3. 我当然希望一个人租房子住。可想到注册费、学费，还有每个月的生活费，加起来确实不少，最后还是选择住在学校宿舍，毕竟学校宿舍比外面便宜不少。

高等（7~9 级）

子主题	话题示例	活动示例	语句示例
个人信息	性格、相貌、品德、志向	1. 对比中国和西方的审美差异。 2. 说一说父母亲情对你的影响。	1. 你的病又不是不治之症，坏就坏在你不爱惜自己的身体。你纵然不为自己打算，也应当想到我们大家对你的一片心。 2. 我突然注意到他脸上的表情，因开心而变得那么慈祥，那么和蔼。 3. 在这样雨雪交加的日子里，如果没有什么紧要事，我宁愿一整天不出门。

词汇示例	语法点示例	文化点示例
父女、母女、父子、母子、姑姑、孤儿、关爱、亲属、养老、祖父、祖母		
挨着、城区、城镇、村庄、大街、道歉、犯罪、恩人、发怒、愤怒、捐赠、捐助、聊天儿、送礼、支援、座谈会	13. 口语格式：X了就X了，（没）有……	6. 中国人的面子文化

词汇示例	语法点示例	文化点示例
爱面子、爱惜、安稳、安逸、安心、傲慢、扮、包容、抱负、暴躁、悲观、卑鄙、悲痛、本分、本性、笨蛋、笨重、标致、彬彬有礼、才华、诚恳、诚意、诚挚、吃亏、丑陋、穿着、纯朴、粗鲁、粗心大意、大公无私、嫉妒、敦厚、肥胖、风趣、丰满、浮躁、害羞、和蔼、厚道、化妆、健壮、健美、敬业、颈部、口才、口音、宽厚、鲁莽、马虎、苗条、品德、品行、人品、绅士、手臂、坦率、外表、外貌、性情、友善	1. 程度副词：越发 2. 结构助词：之 3. 短语结构类型：数词＋量词＋抽象事物 4. 固定短语：无论如何；总的来说／总而言之 5. 固定格式：因……而…… 6. 状态补语3："个"引导的补语 7. 比较句6：A＋比＋名词＋还＋名词	1. 修身、齐家、治国、平天下的观念 2. 传统忠孝思想 3. 中国人尊老爱幼的传统 4. 中国的婚丧嫁娶习俗

子主题	话题示例	活动示例	语句示例
日程与爱好	个人嗜好、时尚意识与审美		1. 我每天一放下书包，就奔向图书馆，那里所有的中国历史书，我差不多都借阅过，以至于一时找不到书看。我的女朋友笑我"比书虫还书虫"。 2. 我之所以喜欢这个品牌，是因为他的设计具有强烈的民族风格。 3. 一个目标明确的人往往会选择一件最该做的事，并专心去做好这一件事。因为与其在各方面平均用力，结果哪个方面都不突出，倒不如就在一个方面努力，让自己有一个专长。
家庭关系	对父母亲情等的深层理解、家教出身、婚丧嫁娶	3. 辩论：家庭因素在个人性格塑造中能否起到决定性作用？ 4. 在班级内举办一场中国文化节。	1. 我跟他见过几次面之后，他开始疯狂地追求我，说他爱上了我，以至于一天见不到我他都受不了。 2. 平日里，妻子很少提出什么要求，这次她有自己的想法，我无论如何也要支持她。 3. 父亲爱书如命，也愿意跟邻居们分享读书的乐趣。他有一个小图书馆，欢迎大家借阅。但是他有一个小毛病，任谁借阅了他的书，都不能折叠书页。否则，再想借他的书，就几乎不可能了。
社区文化	拜年、某地域人群的特点、乡土情结、社保制度		1. 当这些事情又出现时，我对这个地方和这里的生活方式的喜爱也越发强烈。总而言之，我完全变成了另一个人。 2. 傣族有个风俗：一家盖楼，全村帮忙。倘若有新楼落成，还会举行"架竹楼"仪式，这时候全村子的人都会赶来，喜气洋洋，像过节一样热闹。 3. 腊月中旬，她就做上了年饭，要让一家人过个好年。孩子们不时念叨着父亲；她兴奋地蒸馒头、打扫卫生，忙个不停。

词汇示例	语法点示例	文化点示例
爱不释手、熬夜、巴不得、半途而废、不亦乐乎、痴迷、筹划、过瘾、忌讳、戒烟、尽情、剧院、爵士、侃大山、看中、迷恋、上瘾、特长、酗酒、遗嘱		
伴侣、帮手、表率、伯伯、伯父、伯母、操心、操劳、成才、成家、成年、宠爱、出身、单身、订婚、恩情、福气、抚恤、抚养、告诫、闺女、过日子、和睦、后裔、怀孕、婚姻、家教、家境、继母、继父、祭奠、嫁妆、娇惯、舅舅、老伴儿、姥姥、两口子、美满、门当户对、蜜月、配偶、亲朋好友、亲戚、亲情、情侣、求婚、娶、嫂子、生前、世代、双胞胎、私房钱、体贴、甜蜜、外公、晚年、温馨、媳妇、喜糖、下一代、岳父、葬礼、长辈、主妇、祖传、祖宗	8. 选择复句：与其……，不如…… 9. 假设复句：倘若/若……，…… 10. 条件复句：任……，也…… 11. 因果复句：……，以至于……；之所以……，是因为/是由于…… 12. 让步复句：纵然……，也…… 13. 多重复句：三重或三重以上的复句 14. 句群	5. 中国的"年"文化及传统 6. 中国不同地域的文化特点 7. 中国人的乡土情结
安抚、八卦、把柄、吹捧、嘲笑、吵嘴、鄙视、拜见、拜年、拜托、背叛、辩解、表白、表态、表彰、别扭、秉承、不辞而别、不服气、不理、不以为然、惭愧、乘人之危、耻笑、仇人、仇恨、出风头、打交道、妒忌、反驳、反感、绯闻、诽谤、感恩、感激、恭维、沽名钓誉、关照、好客、讥笑、交情、敬酒、敬礼、久仰、宽恕、名声、社团、声誉、说闲话、友情、作客		

主题二：学习与工作

初等（1~3 级）

1级			
子主题	话题示例	活动示例	语句示例
学校生活	老师、学生、日期和时间、考试、课程、学习工具		1. 我是老师，他是学生。 2. 你们班有多少个学生？ 3. 我早上八点上课，下午三点下课。 4. 桌子上有一本书。 5. 我明天有考试。
教育与未来	学科、专业、年级	1. 向老师和同学们介绍自己的基本情况并进行简单交流。 2. 调查不同年级和不同班级老师、学生的情况。 3. 小组活动，相互询问家庭成员的职业。	1. 我和弟弟都学习中文。 2. 我们马上去学校。 3. 我是北京大学的学生。 4. 他们都是中学生吗？ 5. 我在国外读书。
日常工作	职业、上下班、工作时间和地点、工作内容		1. 我姐姐在一个中学工作。 2. 你男朋友是老师还是医生？ 3. 我哥哥从星期一到星期五工作。 4. 你今天怎么没上班？ 5. 明天我要请假。

词汇示例	语法点示例	文化点示例
老师、学生、同学、班、今天、年、月、日、书、本子、名字、认识、岁、上课、下课、放学、放假、上学、网上、上网、手机、电脑	1. 能愿动词：要 2. 疑问代词：怎么、多少 3. 人称代词：我、你、你们、他们 4. 名量词：个、本 5. 范围、协同副词：都$_1$ 6. 时间副词：马上、正在 7. 否定副词：不、没 8. 介词（引出时间、处所）：从$_1$、在	1. 中国学校的设置 2. 中国大学的学校作息和主要校园活动 3. 中国大学生课堂学习和课外活动的内容和特点 4. 中国大学校园称呼的正式用语和使用场合
中文、学习、外语、读书、小学、小学生、中学、中学生、大学、大学生、汉语、汉字、教学楼、考试	9. 连词（连接词或短语）：和$_2$ 10. 结构助词：的$_1$ 11. 名词性词语、形容词性词语、数量短语作定语 12. 表示时间、处所的词作状语	5. 中国大学生的学生守则 6. 中国大学生校园着装规范 7. 中国大学生的学习计划和学业规划
工人、工作、开会、上班、下班、医生、介绍、打电话、干什么、帮忙、请假	13. "是"字句：表示等同或类属 14. "有"字句1： （1）表示领有 （2）表示存在 15. 时间表示法 16. 用"吗"提问 17. 用"还是"提问	8. 中国的职业分类 9. 中国人的职业规划 10. 成年人的日常工作情况 11. 中国人工作场合见面的礼节和得体行为

2级

子主题	话题示例	活动示例	语句示例
学校生活	学生、教学设施、学习工具、学习资源、课程、校历、课外活动	1. 以小组为单位，讨论自己的学校生活，以及自己最喜爱的课外活动。 2. 情境模拟：图书馆需要招募志愿者，请在校园内发布一则简单的招募通知，包括工作要求、招募人数。 3. 列一个职业清单，并和同学讨论未来最适合自己的职业。	1. 请大家看黑板。 2. 我一般放学以后会打五十分钟球。 3. 老师说了两遍我才听懂。 4. 学校离车站不太远。 5. 今天的作业我不一会儿就做完了。
教育与未来	学科、升学、校外学习、未来计划		1. 他是什么时候出国的？ 2. 他也许在准备汉语考试呢。 3. 你的考试成绩怎么样？ 4. 我的分数跟他的一样高。 5. 去中国以后，你有什么打算？
日常工作	职业、职务、办公活动、实习工作		1. 校长已经下班了。 2. 咱们吃完饭去办公室吧。 3. 我一直没看到活动通知。 4. 我必须一边学习一边打工。 5. 我在那家公司实习过。
职业规划	行业、计划、理想		1. 他从小就有个理想，那就是长大以后当科学家。 2. 她好像是做教育工作的。 3. 我打算今后学习中医，努力成为一个好医生。 4. 妈妈年轻的时候是不是想当一名画家？ 5. 你多年轻啊，以后一定有机会。

词汇示例	语法点示例	文化点示例
留学生、班长、教室、数字、笔、笔记、笔记本、练习、黑板、网站、词典、字典、打印、英语、音乐、体育、开学、学期、作业、旅游、参观、参加、生活、周末、爬山、篮球、网球、排球	1. 疑问代词：怎么样 2. 人称代词：咱们、大家 3. 时量词：分钟、天、周 4. 时间副词：一直、已经 5. 情态副词：一定、必须、也许、好像 6. 语气副词：才$_1$、就$_2$ 7. 介词（引出对象）：离 8. 动态助词：过 9. "的"字短语 10. 固定短语：不一会儿 11. 固定格式：（在）……以前／以后／前／后 12. 连动句1：表示前后动作先后发生 13. 比较句3：A跟B一样＋形容词 14. "是……的"句1：强调时间、地点、方式、动作者 15. 用"是不是"提问	1. 中国学校的设置 2. 中国大学的学校作息和主要校园活动 3. 中国大学生课堂学习和课外活动的内容和特点 4. 中国大学校园称呼的正式用语和使用场合 5. 中国大学生的学生守则 6. 中国大学生校园着装规范 7. 中国大学生的学习计划和学业规划 8. 中国的职业分类 9. 中国人的职业规划 10. 成年人的日常工作情况 11. 中国人工作场合见面的礼节和得体行为
教育、教学、语言、计算机、出国、复习、成绩、方法、交朋友、画家、长大、打算		
办公室、打工、打印、干活儿、公司、顾客、活动、计划、教师、经理、商人、实习、司机、同事、通知、校长、休假		
中医、教育、变成、超过、努力、成为、机会、科学家、今后、打算、计划、理想、年轻		

3级

子主题	话题示例	活动示例	语句示例
学校生活	学习资源、考试、课外活动		1. 学校图书馆有的是书，你可以多看看。 2. 我以前学习就很努力，现在更加努力了。 3. 他次次考试都是第一名。 4. 他被学校批评了。 5. 除了汉语写作，这次考试都不难。
教育与未来	学科、升学、校外学习、未来计划	1. 以小组为单位，交流自己最快乐的学习经历。 2. 调查同学的学习计划和课外活动安排。 3. 给十年后的自己写一封信，谈谈你的理想。	1. 这个单元恐怕难度太大。 2. 我不仅喜欢文学，而且喜欢美术。 3. 从今天起，我就是新闻专业的学生了。 4. 他想明天八九点钟去报到。 5. 现在就业一点儿也不难。
日常工作	职业、职务、工具和技术、布置任务、处理工作		1. 桌上放着一些复印的文件和工具，请你拿给我，好吗？ 2. 用电脑制作表格往往又快又方便。 3. 你又懂技术，又懂管理，自己开一个公司难道不好吗？ 4. 从现在起，希望我们的合作越来越顺利。 5. 我们首先做好下个月的工作计划，然后再开始行动。
职业规划	创业、个人成就、未来目标		1. 中国经济发展很快，大学生们得到了更多的就业机会。 2. 要是你有足够的资金，你可以试一试。 3. 一个合格的经理，除了要努力工作，还要能理解员工。 4. 在创业前，不仅要想好做什么，而且要想好怎么做。 5. 由于科技的发展，新的职业也在不断出现。

词汇示例	语法点示例	文化点示例
教材、学费、足球、比赛、话题、写作、听力、经验、合格、跳舞、游泳、跑步、批评	1. 动宾式离合词、动补式离合词 2. 量词重叠：AA 3. 程度副词：比较、更加、还₃、相当 4. 频率、重复副词：通常、往往 5. 情态副词：大概、恐怕 6. 介词（引出目的、原因）：由于₁ 7. 固定短语：有的是 8. 固定格式：从……起；除了……（以外），……还/也/都…… 9. 动词或动词性短语、形容词或形容词性短语作主语	1. 中国学校的设置 2. 中国大学的学校作息和主要校园活动 3. 中国大学生课堂学习和课外活动的内容和特点 4. 中国大学校园称呼的正式用语和使用场合 5. 中国大学生的学生守则 6. 中国大学生校园着装规范 7. 中国大学生的学习计划和学业规划 8. 中国的职业分类 9. 中国人的职业规划 10. 成年人的日常工作情况 11. 中国人工作场合见面的礼节和得体行为
文学、表演、单元、导演、美术、传播、广播、专业、报到、本领、本事		
安排、保安、部门、表格、复印、费用、电子邮件、歌手、工程师、工具、公务员、管理、合作、技术、记者、教练、警察、领导、农民、谈话、谈判、调整、任务、文件、职工、制作	10. 被动句1：主语+被/叫/让+宾语+动词+其他成分 11. 兼语句1（表使令）：主语+叫/派/请/让……+宾语₁+动词+宾语₂ 12. 并列复句：又……，又…… 13. 承接复句：首先……，然后…… 14. 递进复句：不仅/不光……，还/而且…… 15. 假设复句：要是……，就……	
成功、成果、成就、成立、创业、发展、建立、就业、经营、开发、科技、农业、目标、商业、事业、优势	16. 概数表示法2：相邻数词连用表示概数 17. 用"一点儿也不……"表示强调 18. 反问句1：难道……吗？	

中等（4~6 级）

4 级			
子主题	话题示例	活动示例	语句示例
学校生活	教学设施、考试、课程、学习工具	1. 全班交流，讨论学校环境，包括学习环境、生活环境、课内学习与课外活动。 2. 以小组为单位，讨论对于学习和教育的看法。询问他人的意见，并就他人的意见给予反馈。 3. 利用互联网搜索一个自己感兴趣的职位信息，记录工作内容、薪酬等情况。	1. 操场上走过来一个人。 2. 根据我对这个学校的了解，这里的很多专业教学质量都很好。 3. 学校南门外盖起了一座购物中心，大家的生活变得更方便了。 4. 这么难的试卷，她竟然一个错误都没有，水平的确够高的。 5. 我最喜欢做选择题，三十来个题不到半小时就做完了。
教育与未来	学历、学科、校外学习、未来计划		1. 我即将本科毕业，打算读研究生。朋友们都说在读研这件事情上，最好多听听父母的意见。 2. 假如有什么问题需要解决，请发电子邮件或打电话跟我联系。 3. 他对历史极其感兴趣，这里的历史书没有一本他没读过的。 4. 读研究生不是我的计划，而是他的，你直接问他就是了。 5. 她正在准备申请材料，担心不符合要求，于是就请朋友帮忙看一下。
日常工作	职业、薪酬、加班、职位变动		1. 不管谁当导游，都不会让你们失望的。 2. 他很喜欢这个工作，于是来到了这家公司。 3. 你的简历写着你会中文，你可以用中文回答我几个问题吗？ 4. 经理一再强调要关注职工的待遇问题，你们却完全忽视。 5. 记得出门把卡带着，否则进不了办公室。

词汇示例	语法点示例	文化点示例
操场、食堂、购物、本科、耳机、试卷、优秀、良好、及格、阅读、填空、选择 本科、研究生、历史、医学、答案、抄写、未来、毕业、毕业生、申请 导游、法官、护士、加班、简历、会计、利益、律师、秘书、模特儿、收益、销售、培训、外交官、待遇	1. 程度副词：极其 2. 时间副词：即将 3. 关联副词：却 4. 频率、重复副词：一再 5. 语气副词：的确、竟然 6. 介词（引出凭借、依据）：根据 7. 连词（连接词或词组）：以及 8. 固定短语：一般来说 9. 固定格式：在……上/下/中 10. 把字句2（表处置）：主语＋把＋宾语（＋给）＋动词＋了/着 11. 存现句2（表示出现）：处所词＋动词＋趋向补语/结果补语＋动态助词（了）＋数量短语＋人/物 12. 承接复句：……，于是…… 13. 转折复句：……，然而…… 14. 假设复句：假如……，（就）…… 15. 条件复句：不管……，都/也…… 16. 概数表示法3：数词＋来＋量词 17. 用双重否定表示强调 18. 口语格式：X就是了	1. 中国高等教育概况 2. 中国高等教育的主要内容 3. 中国高等教育的培养对象与目标 4. 中国高等教育的课程标准 5. 中国高等教育的毕业标准 6. 中国高等教育在课程、考试、升学等方面的特点 7. 中国高等教育的特点和学校的培养标准 8. 中国校园礼让的行为 9. 中国职场用语的要求与特点 10. 中国职场的礼貌用语 11. 中国的职场环境 12. 中国不同行业的就业前景 13. 中国职场的职业分类特点 14. 中国不同行业的薪金待遇

子主题	话题示例	活动示例	语句示例
职业规划	失业、职业发展、能力培养、行业趋势		1. 过去几年的时间里，他基本没有工作过，只有去年在一家小公司里打了半年工，然而后来公司破产了，他又失业了。 2. 看来，我们这一合作项目很有前途。 3. 要是你不能接受这家公司的企业文化，可以考虑换一个工作。 4. 一般来说，企业生产什么，以及生产多少，都是由市场决定的。 5. 一个企业是否成功，要看未来二十年、三十年甚至更长时间的发展。

5 级

子主题	话题示例	活动示例	语句示例
学校生活	学习设施、学习工具和资源、课外活动	1. 两人一组，交流自己的学业规划，规划要分为长期、中期与短期。 2. 假设你是一名大学校长，你要为你的学校做些什么？请制订一个详细的规划，并向全班汇报。	1. 尽管我们意见不同，但是我尊重他表达的权利。 2. 在食堂吃不完的食物可以打包带回去，怎么也不能浪费。 3. 一般来说，学校每年的钢琴比赛都会有很多人参加。 4. 这本词典有电子版，再也不用买纸质版了。电子词典的查询功能可方便了！ 5. 我们一直在按照考试大纲复习。
教育与未来	学历、学科、校外学习		1. 他将要去自己最喜欢的大学读研究生了，父母乐得嘴都合不上了。 2. 硕士毕业之后，同学们大都申请读博士研究生了。 3. 让留学生在现场亲自体验一下中国书法也好，就这么定了。 4. 他学习的是摄影摄像专业，以后想成为一名导演。 5. 他们虽然是医学专业的学生，但是不经常做实验，只是偶尔才会做。

词汇示例	语法点示例	文化点示例
行业、破产、企业、趋势、商务、项目、机遇、梦想、培养、前途、投资、失业		

词汇示例	语法点示例	文化点示例
大厅、背包、查询、视频、辞典、钢笔、大纲、电子版、二维码、大奖赛、博客、钢琴、歌曲、冠军	1. 程度副词：可₁ 2. 范围副词：大都 3. 时间副词：将 4. 频率、重复副词：偶尔 5. 助词：也好 6. 固定短语：A来A去；不得了 7. 固定格式：拿……来说；在……看来	1. 中国高等教育概况 2. 中国高等教育的主要内容 3. 中国高等教育的培养对象与目标 4. 中国高等教育的课程标准
硕士、博士、书法、摄影、摄像、羽毛球、博物馆、辞典、大纲、冠军、祝贺、资助、注册、专利、阅览室、招生	8. 状态补语2：动词/形容词＋得＋短语 9. 被动句3：意念被动句 10. 比较句5：跟……相比 11. 转折复句：尽管……，但是/可是…… 12. 假设复句：要是……，（就）……，否则…… 13. 因果复句：……，因而…… 14. 用"再也不/没"表示强调	5. 中国高等教育的毕业标准 6. 中国高等教育在课程、考试、升学等方面的特点 7. 中国高等教育的特点和学校的培养标准 8. 中国校园礼让的行为

子主题	话题示例	活动示例	语句示例
日常工作	职业、职务、工作任务、福利保障、工作奖惩	3. 以小组为单位，讨论在你们国家高薪的工作有哪些，并分析原因。	1. 几天后，这位负责人总算接到了上面的通知，明年公司将去考察中国市场。 2. 她是一位著名摄影师，经常在世界各地飞来飞去。 3. 拿主管来说，退休以后还能享受原来的福利待遇吗？ 4. 要是经理同意了，我们就赶紧行动吧，否则项目不一定能按时完成。 5. 她按时完成了任务，因而得到了公司的奖励。
职业规划	求职技能、未来规划、就业前景		1. 在我看来，多学一门语言将来可以增加就业的机会。 2. 真有你的，这么大的一个集团，你是怎么管理的呢？ 3. 在这么短的时间里，我们公司对华业务有了很大的发展，真是不得了！ 4. A：我以后想跟中国进行贸易合作。 　　B：对，跟其他国家相比，中国的机会更适合你。 5. 你的专业很有发展前景，尽管刚工作时工资可能不理想，但是以后会越来越好的。

6级

子主题	话题示例	活动示例	语句示例
学校生活	学校设施、学习工具和资源、课程、考试、校历	1. 小组交流，讨论自己的学习经验、感受与未来计划。	1. 今天的内容我们直接讨论就可以，你为什么非要使用多媒体教室不可呢？ 2. 本学期的课程表上，凡是专业课都是必修的。 3. 专业他已经选好了，至于报考哪一所学校，他还需要再考虑。 4. 他期末考试考得不怎么样，得补考。 5. 即使是"十一"小长假期间，同学们也一直在准备研究生考试。

词汇示例	语法点示例	文化点示例
编辑、裁判、厂长、辞职、福利、采购、代理、调动、扮演、奖励、竞争、消防、业务、负责人、顾问、局长、军人、利润、上级、摄影师、学者、职能、职位、职务、主管、助理、助手、总裁 集团、出版、餐饮、贸易、期望、前景、规划、热门、信念、设想、创立、启动、预期、增强	15.用"怎么都/也+不/没"表示强调 16.口语格式：真有你/他/她的 17.句群	9.中国职场用语的要求与特点 10.中国职场的礼貌用语 11.中国的职场环境 12.中国不同行业的就业前景 13.中国职场的职业分类特点 14.中国不同行业的薪金待遇

词汇示例	语法点示例	文化点示例
智慧、办学、厕所、盗版、补助、打印机、多媒体、必修、中等、报考、补考、笔试、长假	1.类前缀：反- 2.指示代词：本 3.动量词：声 4.程度副词：特 5.范围、协同副词：尽 6.时间副词：早晚 7.关联副词：便	1.中国高等教育概况 2.中国高等教育的主要内容 3.中国高等教育的培养对象与目标

子主题	话题示例	活动示例	语句示例
教育与未来	学科、学历、校外学习		1. 大家要认真对待口语考试，要不然会影响毕业的。 2. 就算是传媒专业的学生，也要学习这门课。 3. 累是累，但他还是一下课便去上补习班了。 4. 这个网络学习平台不但不方便使用，反而还给我添了不少麻烦，起了反作用。 5. 通过调研，我们好不容易得到了有价值的结果，所以特高兴。
日常工作	职业、职务、工作安排、择业标准、工作体会	2. 两人一组，模拟面试：学校某社团（电影、美食、篮球等方面）要招募一名社长助理，一人模拟面试官，一人模拟应聘者陈述个人简历并回答面试官问题。	1. 大卫今天第一天上班，特意提前了半个小时出发，不料却因堵车迟到了，按公司的规定他要被罚款。 2. 他工作起来仿佛不知道什么是累，你和他说一声，这样不行，早晚会生病的。 3. 她非要找一个适合自己专业的岗位不可，就算这样的岗位收入低，她也愿意。 4. 工厂里的所有事情都是按上级公司规定办的，因为他刚上班，所以分配给他的尽是些基础工作。 5. 如果你打工的时间太多，学习成绩变差，会影响毕业的，甚至连以后就业都可能会受影响。
职业规划	创业、行业更迭、职业阶层	3. 辩论：在工作中，工作能力和工作态度哪个更重要？	1. 找工作的时候，我们不能为了眼前利益而不顾长远利益。 2. 说来说去，你们就是不同意我辞职去创业吧？ 3. 我的父母都是蓝领，他们虽然自己没有上过大学，但在我的教育问题上，他们一直都是全力支持的。 4. 据我所知，他是当地著名企业家，在行业内很有地位。 5. 如果每天只想赚钱，就会连喜爱的业余活动也丢了。那生活有什么意思呢？

词汇示例	语法点示例	文化点示例
法语、机械、传媒、初等、补习、补课、舞蹈、平台、调研、报考、参展、参赛、编制、高考、大赛、讲课、好学	8. 方式副词：特意 9. 情态副词：仿佛 10. 介词（引出对象）：至于	4. 中国高等教育的课程标准 5. 中国高等教育的毕业标准 6. 中国高等教育在课程、考试、升学等方面的特点 7. 中国高等教育的特点和学校的培养标准
罢工、办公、补助、策划、厨师、处长、船员、船长、大使、发言人、公安、飞行员、宇航员、海军、民工、民警、清洁工、岗位、高层、分工、合约、求职、写字楼、招聘、职责、总部、总经理、总监、上班族	11. 介词（引出目的、原因）：因 12. 介词（引出凭借、依据）：据 13. 结构助词：所 14. 固定短语：不怎么样 15. 固定格式：为了……而…… 16. 递进复句：不但不 / 不但没有……，反而…… 17. 条件复句：凡是……，都…… 18. 用"非……不可"表示强调 19. 口语格式：X 是 X	8. 中国校园礼让的行为 9. 中国职场用语的要求与特点 10. 中国职场的礼貌用语 11. 中国的职场环境 12. 中国不同行业的就业前景 13. 中国职场的职业分类特点 14. 中国不同行业的薪金待遇
长远、创办、创建、出路、打造、革新、决策、工商、金融、白领、蓝领、重组、上市、赚钱		

高等（7~9级）

子主题	话题示例	活动示例	语句示例
学校生活	教学设施、学习工具和资源、考试、校历、课外活动、社会实践活动	1. 辩论：大学生做作业应不应该使用ChatGPT之类的人工智能工具？ 2. 围绕"青年人的理想与规划"撰写演讲稿，并在全班宣读。 3. 以小组为单位，调查同龄人最向往的职业排名，并分析原因。	1. 那家校园超市，别说零售了，连批发都可以，而且付款方式也是多种多样的，或是现金付款，或是扫码付款。同学们的生活真是越来越方便了。 2. 凡是想借书的同学，请扫描这个二维码。 3. 那个浏览器向来不好用，你换一个试试。 4. 我之所以觉得这种耳机比那种好，是因为这种可以参加听力考试，也可以听音乐，还可以录音，比较方便。虽说有点儿贵，但我一直勤工俭学，赚了一些钱，还是买得起的。 5. 这个心理测验虽然只是一个小游戏，但也反映了人们考虑问题的角度。为什么有人总是只为自己着想，而不会替别人着想呢？
教育与未来	学历、学科、校外学习、未来计划、教育体制		1. 他一面学习雕刻艺术设计，一面学习水利工程，竟然都能学得那么好，真是太厉害了。 2. 原来那是一所很好的民办大学，难怪管理制度会那么不同。 3. 只有在这样的制度下，高校的研究生导师才能充分发挥自身优势，进而保护公共利益，因此好的制度极为重要。 4. 虽然他的中国概况课成绩蛮好的，但他起初并不喜欢这门课，后来才慢慢地由了解变成了热爱。 5. 按说平时的学习任务已经很繁重了，但他还是坚持上朗诵辅导班。他认为趁年轻多学一些，不仅不会影响自己的学习，反而会让自己在学习时更有动力。

词汇示例	语法点示例	文化点示例
备课、颁奖、打招呼、多功能、便利店、付费、付款、零花钱、零钱、勤工俭学、扫描、百科全书、浏览器、流量、磁带、磁盘、服务器、错别字、繁体字、名言、名著、倒计时、作弊、测验、编号、评委、百分比、冲刺、垫底、答辩、标语、丰富多彩、露天、旅程、旅途、路途	1. 指示代词：该 2. 程度副词：极为、蛮 3. 范围、协同副词：唯独 4. 时间副词：向来 5. 频率、重复副词：再度 6. 否定副词：未 7. 情态副词：按说 8. 语气副词：白白、难怪 9. 介词（引出凭借、依据）：趁 10. 固定短语：没说的、总的来说 / 总而言之 11. 固定格式：以……为…… 12. 被动句 5：为……所…… 13. 比较句 6：比起……（来） 14. 并列复句：一面……，一面…… 15. 承接复句：起初……，……才…… 16. 递进复句：别说……，连……也 / 都…… 17. 因果复句：鉴于……，……；之所以……，是因为 / 是由于…… 18. 让步复句：虽说……，但是 / 可是 / 不过…… 19. 句群	1. 中国高等教育的历史沿革 2. 中国的教育教学理念 3. 中国高等教育的人才培养特点 4. 中国教育改革的创新之处 5. 中国教育未来的发展方向 6. 中国高等教育的办学理念与特点 7. 中国人的职业选择偏好 8. 中国人职业价值观的转变 9. 中国职场的礼节和得体行为 10. 中国人求职方式和招聘应聘等方面的特点 11. 中国职场中的企业精神和企业文化
攻读、导师、民办、雕刻、雕塑、财经、阿拉伯语、俄语、远程、能源、水利、地质、风貌、辐射、浮力、封建、人文、副作用、观测、观摩、概况、概论、麻醉、轮廓、辅导、朗诵、国画、乒乓球、棒球、求学、参军		

子主题	话题示例	活动示例	语句示例
日常工作	职业、职务、工作安排、工作总结、兼职		1. 作为公司的创始人，他一意孤行，以自己为中心，从不考虑其行为是否对公司有利。这次他坚持投资的项目再度失败了，让公司白白损失了很多钱，不再为人所信任。 2. 多劳多得，少劳少得，不劳不得。总而言之，努力和成就是密不可分的。 3. 由于该公司的要求过高，以致很多来应聘的人都退缩了，唯独他坚持了下来。 4. 他之所以辞去了所有社会兼职，是想一心一意地教书。 5. 你的专业能力很不错，工作态度总的来说也很端正，是个很好的工作伙伴。鉴于你在工作中表现突出，公司批准你提前两个月结束试用期，成为正式员工，并且破格晋升为销售部经理。
职业规划	行业分类、远景蓝图、企业精神		1. 我们要大力发展知识密集型的高新技术产业，如信息技术、生物工程技术、航天技术等。 2. 虽说你没有考上大学，但是可以通过自学的途径达到成才的目的。 3. 我们观察处理问题，要一方面从大处着眼，一方面从小处着手。 4. 比起找一份稳定安逸的工作，一些大学毕业生更倾向于自主创业。他们希望能够把握时代的机遇，进而在实践和奋斗中提升自我。 5. 她虽然四十未到，但已经是知名企业家了，而且能够在国家危急时刻提供支持，这种爱国精神值得我们敬佩。

词汇示例	语法点示例	文化点示例
创始人、辞退、辞呈、辞去、董事长、多劳多得、分红、干部、工作量、公积金、公务、公职、雇主、离职、理事、雇员、兼职、建筑师、晋升、年薪、疲劳、聘用、人事、上司、试用期、下属、业绩、夜班、应酬、应聘、主编		
榜样、抱负、采矿、成才、出版社、房地产、高新技术、工商界、构想、家政、经商、励志、拼搏、期盼、人工智能、外企、演艺圈、做生意		

主题三：社会与生活

初等（1~3级）

1级

子主题	话题示例	活动示例	语句示例
日常生活	出行、选购商品、一日三餐、介绍房间	1. 小组合作，设计一个大学生的房间，画图展示并介绍房间内的设施。 2. 两人一组，模拟问路的场景。 3. 四人一组，模拟在商店挑选商品并付钱。	1. 你好，我要两个本子。 2. 这个房间比那个房间大。 3. 请问，图书馆怎么走？ 4. 我今天没有吃早饭。 5. 这些水果真好吃！
休闲娱乐	假期、读书、音乐、影视		1. 你看不看电影？ 2. 房间里有两本书。 3. 他唱歌非常好听。 4. 他买了一本书。 5. 明天他们一起去电影院。
社会交往	拒绝、打招呼、道歉、询问		1. 我想和你做朋友。 2. 请问，王老师在吗？ 3. 我们星期六下午去商场吧！ 4. 你好，很高兴认识你！ 5. 对不起，我晚上不喝茶。

2级

子主题	话题示例	活动示例	语句示例
日常生活	指路、描述房间、买衣服、快餐/外卖、取钱	1. 两人一组，模拟在中餐馆点餐。 2. 四人一组，模拟去超市购物。	1. 你往前走，第二个路口向右走，就可以看见洗手间。 2. 那家超市特别大，有三层楼，水果和牛奶什么的都在第一层。 3. 这家店的衣服又好看又便宜。 4. 很多年轻人不喜欢做饭，常常点外卖。 5. 这次我们是坐飞机来的。

词汇示例	语法点示例	文化点示例
飞机、火车、汽车、开车、打车、房间、房子、桌子、电视、电话、面包、水果、包子、早饭、午饭、晚饭、饭店、饿、菜、茶、吃、喝、东、西、南、北、路口、洗手间、商店	1. 方位名词：里 2. 能愿动词：想、要 3. 指示代词：这、那 4. 名量词：本、个 5. 程度副词：非常、很、太、真 6. 范围、协同副词：一起 7. 否定副词：不、没、没有 8. 介词（引出对象）：和$_1$ 9. 表示时间、处所的词语作状语 10. 疑问句：正反问句 11. 感叹句 12. "有"字句：表示存在 13. 比较句1：A 比 B＋形容词	1. 中国人见面和告别时的礼节 2. 中国请客与做客的礼仪 3. 礼尚往来的送礼文化与禁忌 4. 中国人的饮食习惯 5. 中国的休假制度 6. 中国著名旅游景点 7. 长城在中华文化中的历史地位和象征意义 8. 京剧文化 9. 中国人的日常交通工具 10. 中国人过生日的习俗 11. 中国人的常用烹饪方法
听、书、读书、电影、电影院、放假、休息、好听、唱歌、门票、星期、今天、昨天、明天		
谢谢、对不起、不客气、请问、朋友、想、和、做、玩儿、高兴、认识		

词汇示例	语法点示例	文化点示例
椅子、超市、店、院子、饺子、漂亮、便宜、饭馆、菜单、酒、做饭、外卖、早餐、午餐、晚餐、中餐、西餐、快餐、食物、筷子、方便面、饱、公共汽车、公交车、地铁、地铁站、交通、公路、出租车、方便、打算、银行、银行卡、信用卡	1. 能愿动词：应该、可以 2. 名量词：层 3. 动量词：次、回 4. 程度副词：十分、特别、挺 5. 介词（引出方向、路径）：往、向$_1$、从$_2$ 6. 结构助词：得 7. 连谓短语	1. 中国人见面和告别时的礼节 2. 中国请客与做客的礼仪 3. 礼尚往来的送礼文化与禁忌 4. 中国人的饮食习惯 5. 中国的休假制度

子主题	话题示例	活动示例	语句示例
休闲娱乐	周末生活、旅游、音乐、运动	3.小组内分享自己喜欢的休闲娱乐活动／一本书／一部电影或电视剧。	1. 我喜欢听流行音乐。 2. 这些公园都不要门票，我来过很多回。 3. 她篮球打得挺不错的。 4. 周末你们想打排球，还是想打网球？ 5. 我们很快就爬上山了，从山上往下看十分漂亮。
社会交往	劝说、邀请、请客和聚会、道歉、请求帮助		1. 音乐声音太大了，你应该小点儿声。 2. 如果你下午有时间，我们就一起去超市吧。 3. 你来这里玩儿，你是客人，我是主人，还是我请客吧。 4. 实在不好意思，我记错了时间。 5. 请你帮我取个外卖可以吗？

3 级

子主题	话题示例	活动示例	语句示例
日常生活	方位、房间摆设、饮料、中餐和西餐、价格和结账	1.描述自己的学校或家乡的位置。 2.以小组为单位，讨论中国南方和北方的饮食习惯。 3.两人一组，模拟出行订票。	1. 教学楼在学校的东边，教学楼往西是体育馆。 2. 这儿离学校很近，我们走回去吧。 3. 我现在一点儿也不渴，什么都不想喝。 4. 这种食品不健康，吃得越多，人就越胖。 5. 这件衣服好看是好看，就是有点儿贵。
休闲娱乐	摄影、出行订票、景点列举、运动项目、图书和演出		1. 这些照片拍得是很好，大家都很喜欢。 2. 她游泳游了大概两个小时。 3. 周末去旅游的话，咱们恐怕要提前把票订好。 4. 过春节的时候，相当多的人都会去国外旅行。 5. 这本书里写的这些故事精彩极了！

词汇示例	语法点示例	文化点示例
周末、旅客、旅行、公园、花园、动物园、大海、海边、广场、到处、参观、参加、流行、声音、照片、相机、照相、球场、球队、体育、体育场、体育馆、音乐会、音乐、明星、节目、运动、休假、爬山、感动、酒店	8. 固定短语：什么的 9. 固定格式：又……又……；还是……吧 10. 结果补语 1：动词 + 错 / 懂 / 干净 / 好 / 会 / 清楚 / 完 11. 趋向补语 1：动词 + 上 / 下 / 进 / 出 / 起 / 过 / 回 / 开 12. 数量补语 1：动词 + 动量补语 13. "是……的"句 1：强调时间、地点、方式、动作者 14. 假设复句：如果……，就…… 15. 经历态：用动态助词"过"表示 16. 序数表示法 17. 用"好吗、可以吗、行吗、怎么样"提问	6. 中国著名旅游景点 7. 长城在中华文化中的历史地位和象征意义 8. 京剧文化 9. 中国人的日常交通工具 10. 中国人过生日的习俗 11. 中国人的常用烹饪方法
帮助、通知、请求、请客、客人、热情、实在、弄脏、不好意思、礼物、晚会、一路平安、一路顺风、干杯、不一定、改、改变、交朋友、最近、信心		

词汇示例	语法点示例	文化点示例
东部、西部、南部、北部、中部、周围、商品、美食、香蕉、奶茶、啤酒、苹果、咖啡、收费、价钱、房屋、房东、房租、现金、消费、服务员	1. 动宾式离合词 2. 疑问代词的非疑问用法：任指用法 3. 程度副词：相当 4. 情态副词：大概、恐怕 5. 介词（引出对象）：向 $_2$ 6. 介宾短语 7. 方位短语 8. 固定格式：越……越…… 9. 动词或动词性短语、主谓短语作定语 10. 结果补语 2：动词 + 到 / 住 / 走	1. 中国人见面和告别时的礼节 2. 中国请客与做客的礼仪 3. 礼尚往来的送礼文化与禁忌 4. 中国人的饮食习惯 5. 中国的休假制度 6. 中国著名旅游景点 7. 长城在中华文化中的历史地位和象征意义
跑步、散步、足球、游泳、跳舞、划船、长城、订、票价、赢、输、金牌、银牌、世界杯、胜利、比赛、训练、团结、团体、相当、保持、精彩、紧张、演出、演员、庆祝、作品、举办、乐队、电视剧、景色、旅行社、行李		

子主题	话题示例	活动示例	语句示例
社会交往	建议、劝阻、委托、请假、做客		1. 你要是想自己做饭吃，最好搬到校外住。 2. 不要随便下河游泳，很危险。 3. 对不起，我现在没空儿，你麻烦其他同学帮忙吧。 4. 你们想吃什么就吃什么，别客气！ 5. 我生病了，只好向老师请了一天假。

中等（4~6级）

4级			
子主题	**话题示例**	**活动示例**	**语句示例**
日常生活	出行方案、食物、购物打折、租房	1. 小组内分享周末出行计划。	1. 从这儿到超市有一段距离，步行有点儿远，我们可以坐大巴或者骑自行车。 2. 每年这个时候，百货商店都会打折促销，有时候价格会比原来低百分之五十以上。 3. 欢迎光临！我超市食品全部半价，还免费送零食！ 4. 在中国，网上购物和收发快递似乎已经成为日常生活的一部分。 5. 这套房子虽然面积不大，但是交通很方便，所以房租就比较贵。

词汇示例	语法点示例	文化点示例
麻烦、做客、搬、完美、开始、注意、表现、场合、握手、充满、处理、动人、观众、听众、亲切、热烈、看起来、客观、危险、足够、总是	11.趋向补语2（复合趋向补语的趋向意义用法）：动词＋出来／出去／过来／过去／回来／回去／进来／进去／起来／上来／上去／下来／下去 12.程度补语1：形容词／心理动词＋得很／极了／死了 13.数量补语4（动词＋时量补语）：表示动作持续的时间 14."把"字句1（表处置）：主语＋把＋宾语＋动词＋结果补语／趋向补语／状态补语 15.兼语句1（表使令）：主语＋叫／派／请／让……＋宾语$_1$＋动词＋宾语$_2$ 16.转折复句：……X是X，就是／不过…… 17.假设复句：要是……，就…… 18.用"一点儿也不"表示强调 19.用"是"强调	8.京剧文化 9.中国人的日常交通工具 10.中国人过生日的习俗 11.中国人的常用烹饪方法

词汇示例	语法点示例	文化点示例
距离、步行、航班、航空、加油站、百货、出售、产品、品质、促销、打折、免费、挑选、快递、汇率、外汇、尺寸、地址、位置、位于、大楼、电梯、登记、投诉、酒吧	1.频率、重复副词：一再、再三 2.情态副词：几乎、似乎 3.介词（引出对象）：对于 4.固定短语：说不定 5.主谓短语作主语 6.被动句2：主语＋被＋动词＋其他成分	1.中外饮食文化、餐桌礼仪的比较 2.委婉与谦虚的习惯 3."共享"文化和新的出行方式

子主题	话题示例	活动示例	语句示例
休闲娱乐	体育比赛、流行文化、娱乐节目	2. 小组合作为店铺制作打折季的宣传海报。	1. 两个队的比分这么接近，谁赢谁输还真说不定。 2. 对于年轻人的服装潮流，几乎没有人比她更了解。 3. 这个镜头被称为世界电影历史中的经典。 4. 这部小说那么经典，谁没听说过呢？
社会交往	表达赞扬、正式邀请、解释误会、恋爱表白	3. 以小组为单位，讨论当下流行的服饰、音乐、影视作品等。	1. 大家都说他是一个十分好相处的人。 2. 为了明天的活动，我们认真准备了几个月，请您一定要出席。 3. 我一再解释过了，这是个误会，我并不是想伤害你。 4. 我非常喜欢你，你愿意跟我在一起吗？

5 级

子主题	话题示例	活动示例	语句示例
日常生活	特色饮食、交通工具、描述商品/物品、买房	1. 你决定制作一道中餐或西餐菜肴，列出你的购物清单。 2. 写一则寻物启事或失物招领启事。	1. A：服务员，你们这里有什么特色菜？ 　 B：我们这里的烤鸭不错，尤其是这道特色烤鸭最受欢迎。 2. 本人昨天下午在学生食堂丢了一个蓝色背包，内有两册书、一条领带和一张学生卡。有拾到的同学请与本人联系。联系人：张 XX。电话：XXXXXXXX。 3. 乘坐公共交通和自己开车各有各的好处。拿地铁来说，虽然很便宜，但是换车的时候跑来跑去很麻烦。跟公共交通相比，自己开车倒是很方便，不过现在汽油涨价了，开车越来越贵。此外，还要看市区有没有充足的停车位，否则乱停车会被罚款。 4. 买新房和二手房各有各的优点和缺点。新房的设施和条件大都比较好，但现在城市里的新房越来越少了；二手房虽然旧一点，有时候还需要维修，不过周围生活一般都很方便。

词汇示例	语法点示例	文化点示例
比分、操场、潮流、趋势、登山、健身、动画片、系列、业余、逛、激烈、角色、经典、著名、拍照、镜头、图案、酒吧、聚会、乐趣、热闹、无聊、优美	7. 兼语句2（表称谓或认定义）：主语＋叫/称（呼）/说/收/选＋宾语₁＋做/为/当/是＋宾语₂	4. 中国的春节联欢晚会 5. 中国流行的体育赛事 6. 中国火车车次的表达方式
表扬、不在乎、不要紧、称赞、诚信、出席、怀念、伙伴、讲究、交际、解释、看望、同情、问候、误会、相处、亲爱、约会、亲密	8. 小数、分数、百分数、倍数的表示法 9. 反问句2：由疑问代词构成的反问句	7. 中国的公共汽车、地铁站牌 8. 中国的"春运"现象 9. 传统中医的饮食与养生观 10. 中国人的恋爱观

词汇示例	语法点示例	文化点示例
白酒、葡萄酒、蛋糕、烤肉、烤鸭、蔬菜、土豆、西红柿、香肠、餐厅、叉子、尝、电饭锅、厨房、打包、驾驶、乘客、处罚、共享、存款、贷款、押金、物价、涨价、损失、信箱、珍贵	1. 名量词：册、幅、届 2. 程度副词：尤其 3. 范围副词：大都 4. 语气副词：倒是 5. 介词（引出凭借、依据）：凭 6. 固定短语：A来A去；不敢当；用不着 7. 固定格式：拿……来说；在……看来 8. 兼语句3（表致使）：主语＋叫/令/使/让＋人称代词＋动词短语 9. 比较句5： （1）跟……相比 （2）A＋形容词＋B＋数量补语	1. 中外饮食文化、餐桌礼仪的比较 2. 委婉与谦虚的习惯 3. "共享"文化和新的出行方式 4. 中国的春节联欢晚会 5. 中国流行的体育赛事 6. 中国火车车次的表达方式 7. 中国的公共汽车、地铁站牌 8. 中国的"春运"现象 9. 传统中医的饮食与养生观 10. 中国人的恋爱观

子主题	话题示例	活动示例	语句示例
休闲娱乐	赛事信息、介绍电影或演出、描述风景	3. 以小组为单位，讨论比较不同的交通工具，包括价格、优势，分析不同交通工具的适用人群和出行需求。	1. "第三届中国歌曲竞赛" 3 月 1 日开幕。来自全国各大高校的 100 多名学生参加了竞赛，新华学校的丽莎同学凭自身的出色表现获得了冠军。 2.《最好的青春》是一部校园偶像剧，剧本写得很精彩，其中很多角色和场面都给观众留下了深刻的印象。 3. 蓝天、白云、草地、鲜花、牛、羊、马组成了一幅美好的画面，这是草原特有的景色。
社会交往	约会、赞扬、安慰、恋爱		1. A：我们两点到，你到得了吗？ 　B：我可能会晚你们十分钟。 　B：没问题，我们等你。 2. A：你在毕业典礼上的发言讲得太精彩了！ 　B：哪里哪里，不敢当。 3. A：他竟然在那么多人面前拒绝我，完全不考虑我的感受，太让我受伤了。 　B：用不着生气。吵归吵，闹归闹，大家还是朋友。 4. 在我看来，两个人相处，责任心是非常重要的，这样恋爱才能稳定。

6 级

子主题	话题示例	活动示例	语句示例
日常生活	交通信息、家用电器与设备使用、日常花销、品牌	1. 小组合作，调查本校大学生的消费情况（如学习资料、零食、手机通信、服饰等）。	1. 这趟车是特快列车，下午两点十五分发车，从 4 号站台上车。车站安检的时间比较长，咱们早点儿出发吧，要不然会迟到的。 2. 这是新电视的说明书，上面写有电视的功能和用法。若要开通有线电视服务，请拨打这张卡上的电话。 3. 据调查：中学生的消费以零食、学习资料为主；至于大学生，他们的消费以电子产品、服装、娱乐项目等为主。

词汇示例	语法点示例	文化点示例
开幕、闭幕、竞赛、裁判、冠军、亚军、主办、感想、羽毛球、宾馆、博物馆、打扮、戏剧、剧本、扮演、偶像、拍摄、模糊、钢琴、歌曲、漫画、出版、俱乐部、跟随、更新、浪漫、享受、园林、欣赏、休闲	10. 口语格式：X归X，Y归Y 11. 句群	
安慰、拜访、抱怨、悲伤、不耐烦、不敢当、称号、典礼、发布、风度、干扰、沟通、估计、鼓励、鼓掌、关怀、拒绝、礼貌、联络、面子、骗、误解、邀请、争议、恋爱		

词汇示例	语法点示例	文化点示例
客车、特快、快车、慢车、站台、车号、行程、安检、故障、出行、厨师、炒、煮、果酱、薯条、三明治、食欲、金额、省钱、预约、账户、时装、住宅、楼道、书房、厕所、家电、开关	1. 关联副词：便 2. 介词（引出时间、处所）：于 3. 介词（引出对象）：同$_1$、与$_1$、至于 4. 介词（引出凭借、依据）：据 5. 连词（连接分句或句子）：不料、可$_3$、若	1. 中外饮食文化、餐桌礼仪的比较 2. 委婉与谦虚的习惯 3. "共享"文化和新的出行方式 4. 中国的春节联欢晚会 5. 中国流行的体育赛事 6. 中国火车车次的表达方式

子主题	话题示例	活动示例	语句示例
日常生活			4. 省钱的方法有很多：绿色出行、拼车可以节约交通费；家电不用的时候拔下电源，可以节省电费；将不用的二手物品便宜出售，既节约又环保。 5. "三环"是一个中国本土品牌，成立于 2010 年，主要经营智能手机、互联网电视、智能家居等产品。在中国的各个城市，三环开设了很多线下体验店，方便顾客体验并购买。
休闲娱乐	比赛赛制、旅行经历、阅读感悟	2. 向全班同学介绍自己的一次旅行经历。 3. 小组合作，模拟在音像店为顾客推荐感兴趣的唱片或影视作品。	1. 世界杯足球赛共 32 支球队，分为 8 个小组。先打小组赛，小组内每支队伍都要同其他 3 支队伍比一次，每组打 6 场比赛，8 组共 48 场。小组赛结束，每组后两名退出。剩下 16 支队伍打的第一轮比赛叫 1/8 决赛，胜出的 8 支队伍再进行 1/4 决赛，接下来就是半决赛，最后是决赛。 2. 我兴奋地来到了青山脚下，原以为山不怎么高，应该不用费太大力气就能爬上去。不料突然天降大雨，把我身上的衣服弄得湿透了。我在雨中深一脚，浅一脚，好不容易才找到了一个躲雨的地方。 3. 学生时代阅读《红楼梦》，只在乎故事内容；年纪大一些之后，经历的事情多了，对故事内容便也不再那么感兴趣了。但由于《红楼梦》是中国古典小说中研究最广、评论最多的一部，于是我开始阅读各家关于《红楼梦》的评论文章。
社会交往	致歉、否定、怀疑、批评、恋爱与择偶		1. A：抱歉，让你们久等了。 　 B：没什么，快进来吧。 2. 看起来他的水平也不怎么样，我怀疑他根本不是专业的。 3. 好你个组长，明明说好一起参加聚会，可你竟然临时改主意，真不讲信用！ 4. 真不巧！我的车早也不坏，晚也不坏，就今天坏了，不能借给你了。请原谅！ 5. 我理想中的另一半，要能够与我互相照顾，还要互相理解和支持。

词汇示例	语法点示例	文化点示例
大赛、参赛、联赛、选拔、名额、局、场馆、报刊、栏目、掌声、艺人、音像、乐曲、歌词、演奏、娱乐、节奏、感人、海报、杰出、精品、收藏、精美、奔跑、名胜、景点、观光	6. 固定短语：不怎么；不怎么样；好（不）容易 7. 固定格式：A 一＋量词，B 一＋量词 8. "把"字句 4（表致使）：主语（非生物体）＋把＋宾语＋动词＋其他成分 9. 假设复句：……，要不然／不然…… 10. 口语格式：好你个 X；早（也）不 X，晚（也）不 X	7. 中国的公共汽车、地铁站牌 8. 中国的"春运"现象 9. 传统中医的饮食与养生观 10. 中国人的恋爱观
抱歉、不便、不至于、不禁、不怎么样、传言、互动、回应、惊喜、看得起、肯、来往、免得、名义、适当、算了、心愿、宴会、仪式、隐私、原谅、约定、情绪、承诺		

高等（7~9 级）

子主题	话题示例	活动示例	语句示例
日常生活	烹饪、理财、交通路况、快递物流	1. 小组合作，制作一个中餐菜谱。 2. 辩论：是否应该反对学生追星？ 3. 全班一起，模拟中国式相亲，学生分角色扮演男方、女方、家长、介绍人等。	1. 这道菜做法极为简单。首先把鸡蛋打到碗里，放一点儿盐，搅拌均匀。然后把适量的油倒入锅里，等油烧热了，把搅拌好的鸡蛋倒进锅里，稍微炒一炒，就可以出锅了。 2. 对于"绿色食品"这个概念，人们都并不陌生，如果某一个品牌的某一种食品标有"绿色食品"的字样，那么人们会很放心地去享用它。 3. A：这件衣服我上周就下单了，已经发货四天了，为什么还没邮到呢？ B：你可以去官网查一下快递的物流消息，输入单号就可以查了。
休闲娱乐	赛事、追星、娱乐新闻、旅行		1. 不少年轻人喜欢追星，许多人只是被明星的外貌和人气所吸引，甚至于把他们的绯闻当作消遣。但我们不要忘记，外表美丽固然好，品德和内心更重要。总而言之，追星需理性，勿盲目！ 2. 昨天下午，第十一届国际电影节开幕，这部电影也同时举行了发布会。该片导演家喻户晓，参演人员亦都实力非凡。影片改编自真实的历史事件，历经五年的剧本打磨、两年的创作筹备，才有了今天的成果。该影片定于 9 月 30 日在全国公开放映。 3. 1 月 2 日，国家大剧院新年音乐会将如约与观众见面。国家大剧院音乐艺术总监将率领国家大剧院管弦乐团、合唱团，以多种舞台形式演绎观众耳熟能详的经典曲目。古典吉他演奏家、钢琴家及女高音歌唱家等多名演员皆将登台献艺，展现高超的技艺，唤醒观众的共鸣。

词汇示例	语法点示例	文化点示例
便利店、标签、性价比、菜市场、衣食住行、专柜、产地、畅销、储蓄、零花钱、精打细算、讨价还价、奢侈、川流不息、拥挤、驾车、车厢、目的地、四面八方、成千上万、出毛病、就餐、餐桌、烹调、手艺、炖、烤、浸泡、捞、特制、点心、烧烤、火锅、调料、馅儿、丰盛、品尝、可口、口味、美味、风味	1. 能愿动词：需 2. 指示代词：该 3. 程度副词：极为 4. 范围、协同副词：皆 5. 关联副词：亦 6. 否定副词：勿 7. 语气副词：必定、不妨 8. 介词（引出凭借、依据）：依 9. 连词（连接词或词组）：及 10. 固定短语：总的来说/总而言之 11. 固定格式：不知……好 12. 递进复句：……，甚至于…… 13. 让步复句：固然……，也……；即便……，也…… 14. 句群	1. 奥运会和奥运精神 2. 中国的"双奥"城市 3. 中国各地的物产 4. 中国的八大菜系 5. 不同国家的待客之道 6. 中国有影响力的明星和名人 7. 中国人休闲度假的常见方式 8. 中国的世界遗产 9. 中国人的消费观念 10. 中国人的网购 11. 中国人的等级观念和人际交往禁忌 12. 中国人"以和为贵"的观念 13. 中国人的择偶方式与择偶观的变迁
奥运会、夺冠、奖杯、奖牌、失利、棒球、高尔夫球、乒乓球、滑雪、滑冰、点评、比比皆是、变幻莫测、不由自主、出人意料、除此之外、传奇、大同小异、淡季、旺季、景区、独唱、伴奏、耳熟能详、家喻户晓、放映、剧情、编剧、改编、上映、发布会、主演、售票、主题歌、歌剧、芭蕾、绯闻、巨星、名气、粉丝、丰富多彩、旅途、食宿、吃喝玩乐、社团、游览、野营、引人入胜		

子主题	话题示例	活动示例	语句示例

社会交往	告辞和送别、祝贺、抱怨、谣言和辟谣、恋爱与择偶		1. A：时间不早了，我该告辞了。
			   B：那我们就不留您了，请慢走。
			2. A：（祝你）一路平安，后会有期！
			   B：谢谢，你也多保重。
			3. A：唉，前几天打球的时候为了出风头，跟队友闹矛盾了，我现在不知道该怎么办才好。
			   B：别太烦恼了，依我看，主动道歉并不是丢脸的事。你不妨诚心诚意地检讨自己的问题，跟他和解，他一定会原谅你的。
			4. 荀子曾说，"流言止于智者"。意思是任何谣言在善于思考的人面前都会被揭穿。一个聪明的人，不会因为谣言被传得沸沸扬扬就轻易相信。如果能够静下心去理清来龙去脉，思考背后的真相，即便谣言再高明，也必定会平息。
			5. A：你好，我叫李想，今年 24 岁，我是张阿姨介绍过来的。我今年刚研究生毕业，之前在澳大利亚读书，学软件工程专业。回到北京后，我找了一份国企技术岗位的工作，现在每天朝九晚五，平淡又充实。
			   B：你好，李想！我早就听张阿姨提起过你了，今天能和你见面我也特别开心！咱们先坐下来点菜吧，待会儿边吃边聊。

词汇示例	语法点示例	文化点示例
半信半疑、保重、报复、悲欢离合、鄙视、辩解、坦白、彬彬有礼、不见得、不像话、补救、不耻下问、不辞而别、诚心诚意、愁眉苦脸、出风头、穿小鞋、吹牛、打交道、大吃一惊、得罪、丢脸、妒忌、惹、发火、烦恼、诽谤、谣言、沸沸扬扬、尴尬、感激、告辞、和解、莫名其妙、劝告、送别、依依不舍、异性、伴侣、门当户对、失恋、介意		

主题四：自然与科技

初等（1~3级）

1级

子主题	话题示例	活动示例	语句示例
自然环境	天气、日期与时间、环境	1. 两人一组，谈谈所在城市不同时间的天气和环境情况。 2. 以小组为单位，讨论对保持身体健康有帮助的做法。 3. 小组合作，调查班内同学上网的习惯（如常用的网络设备、时长、所做的事情等）。	1. 今天的天气不太好，有风，下午还有雨。 2. 下雨了，回家吧！ 3. 现在是北京时间九月二号上午十点，星期五。 4. 我在中国北京，现在是早上。他在国外，现在是晚上。 5. 这儿有很多树，也有很多花。
人类与健康	身体健康、去医院、饮食与疾病		1. 我奶奶今年80岁，身体很好。 2. 他病了，今天没来学校。 3. 她去医院了，还没回来。 4. 生病的时候，要多喝热水。 5. 你要多吃水果，多喝牛奶。
媒体	电视、电影、歌曲		1. 明天一起去电影院，好不好？ 2. 中国的动作电影很有名，也很好看。 3. 现在看手机的人多了，看电视和读书的人少了。 4. 你知道哪些中文歌？ 5. 我会唱中文歌，也会写中文歌。
数字技术	常用电器、上网、上网课		1. 我家有电脑和手机，没有电视和电话。 2. 这两个笔记本，一个大，一个小，你想买哪个？ 3. 我常常在网上听歌、买东西。 4. 今天我们上网课，不用去教学楼。 5. 下课后，我要在网上学习中文。

词汇示例	语法点示例	文化点示例
天气、下雨、冷、热、风、年、月、日、号、星期、点、分、半、差、零、汽车、马路、树、花		1. 中国气候与地理环境的多样性 2. 中国的农历和二十四节气 3. 中国特有的动植物 4. 中国知名传统媒体和新媒体平台 5. 中国重要的互联网网站 6. 中国的环保政策 7. 中医的基本理念 8. 中国古代发明与当代科技 9. 中国流行的大众体育运动 10. 科技对中国人生活的影响 11. 网络对中国人生活的影响
身体、身上、生病、病人、看病、生气、睡觉、休息、医院、最好、坏、干净、水果、鸡蛋、牛奶、菜、茶、肉	1. 能愿动词：想、要 2. 指示代词：这儿 3. 频率、重复副词：常常 4. 否定副词：不、没、没有 5. 语气助词：了₂ 6. 表示时间、处所的词语作状语 7. 主谓句2：形容词谓语句 8. 非主谓句 9. 疑问句：正反问句	
电视、电影、电影院、读书、好听、好玩儿、好看、动作、唱歌、门票、说话、听到、有名、哪些	10. "是"字句：表示说明或特征 11. "有"字句1：表示存在 12. 时间表示法： （1）年、月、日、星期表示法 （2）钟点表示法 13. 用"多、多少、几、哪、哪儿、哪里、哪些"提问	
电脑、电话、上网、网上、网友、手机、认识、东西、有用、常常、不用、教学楼、试		

子主题	话题示例	活动示例	语句示例
自然环境	四季、天气、城市环境、自然风景		1. 我喜欢秋天，不但天气很凉快，而且还有很多好吃的水果。 2. 我叫夏雨，因为是夏天下雨的时候出生的。 3. 今天阴天，有点儿冷，最高气温5度，最低气温零下3度。 4. 我家旁边有两个公园，交通也挺方便的。 5. 我们学校旁边有一条小河，河边是一片草地，春天草地上有很多小花。
人类与健康	去医院、饮食与健康、习惯与健康、中医和西医	1. 四人一组，讨论生活中哪些习惯对健康有好处，哪些有坏处。 2. 介绍自己喜欢的电影或电视节目。 3. 两人一组，讨论跟过去相比，我们现在的生活有哪些变化。	1. 我头特别疼，全身都不舒服。 2. 这个药一天吃三次，一次吃两片。 3. 经常看电脑对眼睛不好。 4. 有的人习惯午睡，就是吃完饭以后休息一会儿。 5. 你愿意看中医还是西医？
媒体	电视节目、电影、阅读习惯、新闻		1. 我喜欢看教育节目和旅游节目，不喜欢看体育节目，你呢？ 2. 我跟你一样，也认为爱情电影最有意思。 3. 现在大部分人都用手机看新闻。 4. 新闻中的图片十分重要。 5. 网上有很多假信息，我们应该怎么办呢？
数字技术	手机、电脑、有名的网站、过去与现在		1. 如果有不认识的词语，随时可以用手机查一下。 2. 我现在不能打电话，你还是发短信吧。 3. 我的电脑快要没电了，你用办公室的电脑打印吧。 4. 这个网站上机票和酒店不如别的网站上便宜。 5. 现在人们的收入高了，假期多了，生活越来越好了。

2级

词汇示例	语法点示例	文化点示例
春天、夏天、秋天、冬天、凉快、零下、阴天、气温、度、晴天、太阳、多云、大海、大自然、地球、月亮、中心、动物、草地、花园	1. 能愿动词：应该、愿意 2. 程度副词：十分、特别、挺、有（一）点儿 3. 介词（引出对象）：对 4. 固定短语：越来越 5. 固定格式：还是……吧；（在）……以前/以后/前/后 6. 结果补语1：动词＋错/懂/干净/好/会/清楚/完 7. 数量补语1：动词＋动量补语 8. 主谓句3：名词谓语句	1. 中国气候与地理环境的多样性 2. 中国的农历和二十四节气 3. 中国特有的动植物 4. 中国知名传统媒体和新媒体平台 5. 中国重要的互联网网站 6. 中国的环保政策 7. 中医的基本理念 8. 中国古代发明与当代科技 9. 中国流行的大众体育运动 10. 科技对中国人生活的影响 11. 网络对中国人生活的影响
全身、疼、舒服、难受、药片、药店、出院、住院、检查、西医、中医、感觉、样子、声音、快餐、眼睛、习惯	9. 存现句1（表示存在）：处所＋有＋数量短语＋名词 10. 比较句2：A不如B（＋形容词） 11. 比较句3：A跟B一样/相同 12. 递进复句：不但……，而且…… 13. 因果复句：因为……，所以…… 14. 用"呢"构成的省略式疑问句"代词/名词＋呢?"提问 15. 口语格式：要/快要/就要……了	
节目、教育、体育、运动、年轻、流行、广告、旅游、新闻、爱情、校园、有意思、讲、故事、生活、中年、报纸、日报、家庭、大部分、安静、照相、相机、信息		
方便、短信、开机、数字、网站、酒店、关机、信用卡、外卖、以前、信、洗衣机、办公室、打印、最近、使用、随时、假期、收入、信号		

3 级			
子主题	话题示例	活动示例	语句示例
自然环境	动植物、天气预报、城市与农村、环境保护		1. 它胖胖的，身上的毛是白色的，眼睛周围是黑色的。 2. 它的皮是黄色的，里面是白色的，味道甜甜的。 3. 昨天天气预报说今天会下雨，今天上午果然下雨了。 4. 农村的公共交通建设确实发展得很快，现在人们出门方便多了。 5. 保护环境是人类共同的责任。
人类与健康	表情与情绪、保持健康、压力、中医与西医	1. 根据描述，猜动物或植物。 2. 以小组为单位，讨论生活中常见的不环保行为，并据此制作十大环保守则。	1. 他看上去紧张极了。 2. 他还不知道这个好消息，我们快告诉他，让他开心一下吧。 3. 自从来到中国后，我就每天运动。 4. 他最近压力大得很，晚上经常睡不好，白天也没有精神。 5. 你不是看的西医吗？怎么来中医院拿药呢？
媒体	社交方式、演出、杂志、新媒体	3. 以小组为单位，讨论上网课的好处和坏处。	1. 20 世纪 80 年代以前，人们通常靠写信来联系。 2. 你把那几张照片用手机传给我吧。 3. 体育馆周六有演唱会，我们一起去看吧。我负责买票。 4.《功夫熊猫》是我最喜欢的影视作品。 5. 对我来说，看中文直播还有点儿难。
数字技术	智能生活、网络与生活、技术的影响、发明创造		1. 这种空调价格低，功能全，适合在家里用。 2. 网上什么信息都有。 3. 她总是用中文写电子邮件。 4. 科技改变了人们的生活方式。 5. 电话方便是方便，可是不能带在身上随时使用。因此，人们就发明了手机。

词汇示例	语法点示例	文化点示例
毛、周围、公共、发展、保护、环境、环保、节约、浪费、安装、暖和、破坏、危害、责任、普及、全球、城市、农村、公民、人类、防止、负责、有效、预报、地区	1. 疑问代词的非疑问用法：任指用法 2. 指示代词：每 3. 频率、重复副词：通常、总是 4. 语气副词：果然、确实 5. 介词（引出时间、处所）：自从 6. 固定短语：看上去 7. 固定格式：对……来说 8. 动词或动词性短语、形容词或形容词性短语作主语 9. 动词或动词性短语、形容词或形容词性短语和主谓短语作宾语	1. 中国气候与地理环境的多样性 2. 中国的农历和二十四节气 3. 中国特有的动植物 4. 中国知名传统媒体和新媒体平台 5. 中国重要的互联网网站 6. 中国的环保政策 7. 中医的基本理念 8. 中国古代发明与当代科技 9. 中国流行的大众体育运动 10. 科技对中国人生活的影响 11. 网络对中国人生活的影响
吵架、害怕、好奇、紧张、痛苦、欢乐、精神、满足、内心、奇怪、亲切、伤心、深刻、受伤、感冒、经济、卫生、啤酒、压力、展开、游泳、跑步、容易	10. 可能补语1：动词＋得／不＋动词／形容词 11. 程度补语1：形容词／心理动词＋得很／极了／死了 12. "把"字句1（表处置）：主语＋把＋宾语₁＋动词（＋给）＋宾语₂ 13. 连动句2： （1）前一动作是后一动作的方式 （2）后一动作是前一动作的目的	
联系、部、表演、播放、导演、电视剧、电视台、歌迷、观众、广播、话剧、记者、精彩、剧场、媒体、热烈、听众、舞台、宣传、演唱会、乐队、艺术、影视、作品	14. 转折复句：……X是X，就是／不过…… 15. 因果复句：（由于）……，所以／因此…… 16. 概数表示法2：用"大概、大约、几"表示概数 17. 反问句1：不是……吗？	
空调、价格、功能、直播、科技、通信、输入、机器、推广、安装、创新、创造、电子邮件、发明、风险、复印、互联网、技术、设备		

中等（4~6 级）

4 级			
子主题	话题示例	活动示例	语句示例
自然环境	我的家乡、季节与天气、环保节日	1. 介绍你的家乡（位置、季节、气候、天气、环境等方面的特点），有条件的话，可制作一个视频形式的家乡宣传片。 2. 采访同班同学，了解他们近期的压力来源和他们缓解压力的方法。 3. 查阅网上的资料，了解人们对于电子书和纸质书的观点，撰写分析报告。	1. 我的家乡位于日本九州。 2. 这是一座历史文化名城，风景优美，很适合居住。 3. 这个活动的目的是引起人们对气候变暖问题的关注。 4. 世界地球日是每年的 4 月 22 日，是为了宣传环保设立的节日。 5. 在这个城市，几乎所有的超市、商场等场所都不为顾客提供免费塑料袋。
人类与健康	食品安全、生活习惯、压力、体育锻炼		1. 有些零食是垃圾食品，对身体是没有好处的。 2. 绿色食品对身体有好处，而且对保护环境有重大意义。 3. 吸烟既危害自己的健康，又会影响其他人。 4. 你可以做做体操，放松一下身体，这样可以帮助你缓解压力。 5. 无论碰到什么困难，都应该用积极的态度去面对。
媒体	大众媒体、广告、阅读习惯、名人轶事		1. 一般来说，传统媒体包括报纸、电视、广播和杂志。 2. 自媒体是普通大众通过网络传播他们自己的事实和新闻的一种方式。 3. 广告为我们的生活增加了很多色彩和乐趣，它早已成为现代生活的一部分。 4. 广告能让我们了解产品特点，帮助我们节省时间，让我们可以快速挑选出最适合自己的产品。 5. 统计数据显示，人们对于电子书的热情似乎在逐渐降低。
数字技术	科技用途、电子游戏、网上购物、网络学习		1. 假如没有冰箱，我们就未必能随时吃到既新鲜又有营养的各种食物。 2. 对我来说，玩儿电子游戏是缓解压力的一个好方法。

词汇示例	语法点示例	文化点示例
位于、风景、优美、居住、季节、潮湿、打雷、闪电、寒冷、冰雪、降温、降落、独特、暖气、树林、塑料、垃圾、吸管、燃烧		1. 中国不同地区的自然风光 2. 中国主要城市的位置及环境
零食、纯净水、矿泉水、茶叶、巧克力、吸收、消化、讲究、食堂、种类、含量、负担、遗传、改善、体检、体重、下降、规律、缓解、放松、体操、心理、药物、手术、医疗、发烧、恶心、登山、健身	1. 否定副词：未必 2. 情态副词：几乎、似乎 3. 固定短语：一般来说 4. 主谓短语作主语 5. "是……的"句2：强调说话人的看法或态度 6. 并列复句：既……，又/也…… 7. 转折复句：……，然而……	3. 中国气候的多样性及主要特点 4. 各国珍稀动物 5. 不同文化中动物的隐喻 6. 中国的医疗体系及保障制度 7. 中医与中药 8. 中国人的体育活动与锻炼方式
传统、趋势、渐渐、替代、机遇、潮流、效率、背景、保守、发挥、唱片、镜头、约会、刺激、阅读、下载、资源、著作、统计、数据、充分、爱国、模特儿、造型、著名、青春、无限、前途、经典、演讲	8. 条件复句：无论……，都/也…… 9. 概数表示法3：数词＋来＋量词 10. 用双重否定表示强调 11. 用"连……也/都……"表示强调	9. 二十四节气与气候 10. 中国的杰出科学家及其贡献 11. 中国人的发明与前沿科技 12. 互联网对中国人生活的影响
智能、系统、燃料、黑暗、高铁、电源、电梯、航班、网络、用途、获取、资料、购物、套餐、特价、引导、限制、		

子主题	话题示例	活动示例	语句示例
数字技术			3. 十来年前，人们对网络购物的看法还很保守。不少人既担心商品的质量，也不愿意把自己的地址等信息提供给网上的商家。可是，今天，连不少老人都开始在网上购物了。 4. 汉字是一门艺术，然而在信息时代的今天，电脑打字正慢慢地代替写字。怎么写好汉字成了我们不得不思考的一个问题。

5 级

子主题	话题示例	活动示例	语句示例
自然环境	气候变化、城市与农村、自然资源、环境保护	1. 辩论：城市生活和农村生活，哪个更好？ 2. 以小组为单位，分享自己国家的民族偶像或民族英雄的故事。 3. 全班一起商讨，制订 10 条安全使用电子产品守则。	1. 近些年，随着全球气候的变化，雷电、大风、沙尘、地震、高温这些现象时常出现。 2. 跟城市相比，农村的生活更轻松、更接近自然。特别是我的老家，有山有水。在我看来，哪儿都没有那里舒服。 3. 新疆的气候非常适合种植瓜果，那里的葡萄、西瓜都好吃得不得了！ 4. 大熊猫是世界上最珍贵的动物之一，到目前为止，全世界总数不足 3000 只。 5. 电动车不使用汽油，是一种理想的、干净的交通工具，被称为"绿色汽车"。
人类与健康	人体器官、生活方式、食品营养、医学发展		1. 皮肤是人体面积最大的器官。 2. 随着生活水平的提高，人们更加关注自己的身心健康。 3. 锻炼的好处可多了：增强肌肉力量，控制体重，帮助睡眠，从而让人拥有健康的身体。 4. 如果人们吃了这些被污染的食物，健康就会受到影响。 5. 科学家发现长寿的老人一般都会控制饮食，常吃蔬菜、水果、豆制品。

词汇示例	语法点示例	文化点示例
网址、禁止、数码、程序、光盘、官方、规模、行业、征求、发票、翻译、节省		

词汇示例	语法点示例	文化点示例
灰色、温和、雨水、灾难、气象、台风、高温、污染、污水、频繁、充足、警告、晴朗、局面、郊区、便利、沙漠、园林、北极、修建、墙壁、珍贵、基地、分解、包装、玻璃、贺卡、摩托、周期、治理 耳朵、部位、组织、比重、指甲、保养、安慰、脾气、恢复、迷信、冲动、按摩、健全、蔬菜、白酒、火腿、饮料、体力、消毒、豆制品、必需、过敏、饮食、长寿、减轻、困扰、抢救、神经、门诊、注射	1. 程度副词：可$_1$、尤其 2. 时间副词：时常 3. 语气副词：总算 4. 介词（引出时间、处所）：随着 5. 连词（连接分句或句子）：从而 6. 固定短语：有 A 有 B；不得了；用不着 7. 固定格式：到……为止；够……的；在……看来 8. 程度补语 2：形容词 / 动词＋得＋不得了 / 慌 / 厉害 9. "把"字句 3（表处置）：主语＋把＋宾语＋一＋动词 10. 被动句 3：意念被动句 11. 比较句 5：跟……相比	1. 中国不同地区的自然风光 2. 中国主要城市的位置及环境 3. 中国气候的多样性及主要特点 4. 各国珍稀动物 5. 不同文化中动物的隐喻 6. 中国的医疗体系及保障制度 7. 中医与中药 8. 中国人的体育活动与锻炼方式 9. 二十四节气与气候 10. 中国的杰出科学家及其贡献 11. 中国人的发明与前沿科技

子主题	话题示例	活动示例	语句示例
媒体	电视频道、电视节目、网络文学、媒体科技报道		1. 现在的电视频道够多的，光外语频道就有十几个。 2. 选秀节目的意义在于它最大程度地吸引了大众的参与。 3. 中国的网络文学极其繁荣，已经发展成一个新的产业了。 4. 互联网进一步丰富了信息获取的方式，而移动互联网使信息获取不再被地点限制，提高了信息获取的便利性。 5. 如果病毒控制了电脑，就需要用杀毒软件给电脑杀毒。
数字技术	机器人、数字机遇、数字风险、数字教育		1. 我买了个扫地机器人，每天回家只要把机器一开，家里很快就清理得干干净净的，总算用不着每天自己扫地了。 2. 网络给大众，尤其是年轻人，带来了无限可能。 3. 根据统计，这个地区使用互联网的男性比女性多 5%。 4. 不管科技如何发达，教师对学生的爱与关怀、经验传递，都是机器人无法代替的。 5. 数字技术应该更充分地应用到学习过程中。

6 级

子主题	话题示例	活动示例	语句示例
自然环境	城市化、自然风光、动植物保护、绿色发展	1. 辩论：城市化利大于弊还是弊大于利？	1. 据调查，去年本地区城镇常住人口已达 299 万人，常住人口城镇化率达 75%。 2. 由于大部分移民居住于城市当中，城市因此承担着援助和融合移民的重要职责。 3. 保护动物，不是要把动物关起来，而应该把环境建设好，让野生动物自由而愉快地在保护区生活。 4. 森林就像是地球的肺。它维持着氧气的平衡，满足着人类生存的需要。 5. 绿色发展对推动社会健康发展有重要意义。

词汇示例	语法点示例	文化点示例
欣赏、休闲、幽默、创立、文艺、号召、用户、题材、漫画、散文、诗歌、编辑、争议、剧本、正规、博客、当代、真相、正义、发行、情节、评论、年度、病毒、控制、杀毒、软件、享受、随着、遵守		
清理、更新、启动、等级、画面、配套、加速、二维码、前景、传真、商标、专利、违反、通用、法规、利润、技能、接触、注册、幅度、成效、划分、意识、修复、连接、模式、配备、软件、分成		12. 互联网对中国人生活的影响

词汇示例	语法点示例	文化点示例
援助、融合、边缘、村庄、楼道、场馆、都市、绿化、打造、户外、平衡、危机、宠物、繁殖、洪水、天堂、侵犯、港口、天然、壮观、景点、宽阔、名胜、观光、电动、高峰、节能、冷气、消耗	1. 类后缀：-性 2. 指示代词：本 3. 名量词：集 4. 时间副词：时时 5. 介词（引出时间、处所）：于 6. 介词（引出对象）：至于 7. 介词（引出凭借、依据）：据	1. 中国不同地区的自然风光 2. 中国主要城市的位置及环境 3. 中国气候的多样性及主要特点 4. 各国珍稀动物 5. 不同文化中动物的隐喻

子主题	话题示例	活动示例	语句示例
人类与健康	食品安全、疾病、医疗观念、志愿活动	2. 以小组为单位，讨论媒体记者在做新闻报道时应该采取哪些举措去保护弱势群体。 3. 以小组为单位，讨论国外文化对本国文化产业的影响，并探索当代媒体中的跨文化影响。	1. 食物既要生熟分开，还要保持清洁，这样才能避免细菌性食物中毒。 2. 你现在病情很严重，需要检查一下血液。 3. 医生或者患者往往更容易相信和依赖实验报告与仪器检查，反而忽略对话与交流、关爱与信任。 4. 每一个民族都有自身对于疾病的认识，生活在不同文化背景中的人群存在文化差异，也就导致"求医问药"方式的差异。 5. 志愿活动让我看到了自己的潜力。在奉献爱心的同时，我也找到了自己的价值。
媒体	泛娱乐化、媒体倾向性、影视作品、融媒时代		1. 生活中处处有广告，公交车站牌上、人们穿的衣服上，甚至住宅区的电梯里，都有各式各样的广告。 2. 进入 21 世纪以来，互联网和移动互联网成为新时代广告的主流平台。 3. 媒体本身应是一种具有一定独立性的社会力量，媒体的社会责任是维护绝大多数人的根本利益。 4. 欣赏情景喜剧已成为中国年轻一代的重要娱乐。一位研究人员称，国产剧在制作水平方面已经有了很大提升。 5. 传统媒体时代，人们主要通过报纸、广播、电视等获取信息；至于新媒体时代，人们主要通过互联网获取信息。
数字技术	数字产品、数字时代的危机、古代发明、科技前沿		1. 电视已不再是年轻人所关注的焦点，成了老年人生活休闲的依赖品，每天看两集电视剧或者一段新闻，是很多老人晚上的娱乐方式。 2. 在智慧课堂系统中，学生能够随时参与互动，教师也可时时了解学生的学习过程。 3. 中华民族在世界科技创新史上曾有过光辉成就，火药、指南针、造纸术和活字印刷术四大发明便是其中最具代表性的。 4. 著名科学技术史学家李约瑟博士在其著作《中国科学技术史》中介绍了中国古代的很多科学技术成果。 5. 中国的高铁技术在世界上处于领先地位，很多国家希望中国给予高铁技术和建设的支持。

词汇示例	语法点示例	文化点示例
奶粉、细菌、到期、成分、疾病、食欲、症状、血液、血管、细胞、心脏、病情、外科、好转、急救、康复、晕车、复苏、捐助、捐赠、患者、仪器、丧失、医药、病房、预约、流感、应急、保健、发炎		
栏目、创意、定位、主流、远离、动画、品牌、爆炸、英雄、极端、倾向、情绪、名誉、操纵、传媒、焦点、解说、策划、信用、人权、娱乐、暴力、元素、屏幕、海报、反响、公众、影迷、评选、嘉宾	8. 连词（连接词或词组）：而₂、与₂ 9. 结构助词：所	6. 中国的医疗体系及保障制度 7. 中医与中药 8. 中国人的体育活动与锻炼方式 9. 二十四节气与气候 10. 中国的杰出科学家及其贡献 11. 中国人的发明与前沿科技 12. 互联网对中国人生活的影响
互动、网页、智慧、赌博、通讯、近视、遭受、欺负、侵犯、隐私、威胁、手续费、纠纷、光辉、绘画、铅笔、桥梁、精美、巧妙、储存、传输、盛行、火箭、革新、科研、袖珍、仪器、场景、重组、轨道		

高等（7~9 级）

子主题	话题示例	活动示例	语句示例
自然环境	世界遗产保护、动植物保护、自然灾害、环境保护	1. 每位学生负责调查一处世界自然遗产所在地的情况，用中文向大家讲解，最后由全班选出最有魅力的讲解员。	1. 数字技术为监测自然灾害和人类活动对世界遗产的影响提供了重要工具，利用科学数据来评估世界遗产状况，有利于遗产的保护。 2. 滇金丝猴之所以被称为"雪山精灵"，不仅是因为它们的颜值，更由于它们种群稀少，避居雪山深处，向来很难见到。 3. 野生植物是自然生态系统的基本组成部分。 4. 由于栖息地被破坏、气候变化、外来物种入侵、自身繁殖受限等因素，一些野生植物濒临灭绝，亟待采取有效的保护拯救措施。 5. 听说，养活一个肉食者所需的土地生产力能养活 20 个素食者。
人类与健康	突发公共卫生事件、中医与西医、弱势群体与公益活动、医疗技术与伦理	2. 校园环保白皮书：分组深入调查某一环境问题（现状、原因及治理对策等），制作校园环保白皮书与全班分享，如濒危动物的生存现状、白色污染、核辐射等。	1. 卫生部门正在进行调查，以确认该病例是否与世界卫生组织通报的急性肝炎病例相似。 2. 综上所述，该研究结果显示，中西医结合与单纯使用中药或西药相比，能更快地改善发热、咳嗽、乏力等症状。 3. 依现在的情况来看，随着互联网公益的发展，公众参与公益慈善已变得越来越普及和便利。 4. 推进教育公平，让每个孩子都有人生出彩的机会，其中极为重要的一项措施就是拓宽贫困学生纵向流动的通道，让贫困地区学生皆能享有更为公平的受教育机会。 5. 该国议会以 235 票对 230 票之微弱多票通过议案，反对用克隆人技术进行医学研究，并建议联合国全面禁止克隆人类。
媒体	新媒体与传统媒体、		1. 在以数字技术为基础、以网络为载体进行信息传播的新媒体兴起之后，传统媒体遭遇了严峻的挑战。 2. 所谓网红就是网络红人，是指在现实或者网络生活中由于某个事件或者某个行为受到网民关注，从而走红的人，或者是长期持续输出专业知识而在网上走红的人。

词汇示例	语法点示例	文化点示例
堤坝、戈壁、耕地、湖泊、山川、入侵、幸存、拯救、稀少、渺小、警钟、恶劣、惨痛、坟墓、废墟、肥沃、灌溉、刮风、海啸、泛滥、核武器、辐射、焚烧、低碳、温室、能源、防汛、覆盖、根源、素食	1. 能愿动词：需 2. 指示代词：该 3. 程度副词：极为 4. 范围、协同副词：皆 5. 时间副词：尚、向来 6. 否定副词：未 7. 介词（引出凭借、依据）：依 8. 连词（连接词或词组）：及 9. 结构助词：之 10. 固定短语：综上所述 11. 固定格式：所谓……就是……；因……而…… 12. 因果复句：之所以……，是因为/是由于…… 13. 目的复句：……，以…… 14. 三重或三重以上的复句 15. 句群	1. 地理环境对中国文化和民族性格的影响 2. 中医与西医各自的诊断、治疗方式和特点 3. 中国医疗保险制度的特点和对人民生活的影响 4. 中国退休养老制度、社会救助制度、妇女权益保障制度等的特点 5. 民族文化对突发公共卫生事件和医疗保健政策的影响 6. 中国杰出科学家的事迹（屠呦呦、钱学森等） 7. 中国科技发展的政策和人才培养的举措 8. 科技发展对中国经济和社会生活的影响 9. 中国古代水利工程的特点及影响 10. 中国新媒体和自媒体对中国社会生活的影响 11. 中国环保面临的挑战和应对举措（"双碳"战略、"绿水青山就是金山银山"等）
感染、防疫、患病、就诊、隔离、缴费、治愈、激素、窒息、监控、敦促、针灸、炎症、胶囊、耗费、苛刻、驳回、扭转、克隆、变异、伦理、胚胎、移植、萎缩、孕育、诱发、衍生、肿瘤、麻痹、癌症		
弘扬、僵化、蓬勃、崭新、载体、严峻、较量、根深蒂固、轨迹、舆论、歪曲、审核、荒诞、兼顾、谋求、骇人听闻、		

子主题	话题示例	活动示例	语句示例
媒体	网红与虚拟偶像、新闻审核与虚假信息、信息茧房	3. 撰写演讲稿，为弱势群体（如残障人士、贫困人群等）发声，呼吁校园内的师生关注弱势群体。 4. 以小组为单位，讨论科技给不同年龄层人们带来的便利和困扰。	3. 智能内容审核系统可以帮助平台内容审核团队兼顾效率和质量，加强对信息内容的审核与把关，既发挥了新技术的优势，又彰显了人的智慧，实现了人与机器的优势互补。 4. 所谓"信息茧房"，形容的是信息传播中受众只关注喜欢的内容，陷入相似信息的"回音室"，久而久之，如同蚕一般作茧自缚，既冲不出去，外面的信息也进不来。 5. 在大众传媒未兴起时，一个人出名的方式通常是缓慢而"自然"的，能够在历史长河中留下印记的往往都是英雄豪杰或风流才俊。在大众传媒出现之后，人类开始利用媒体快速制造声名，围绕名人的生产已经形成了一个庞大的产业链。
数字技术	互联网与数字鸿沟、电子商务、人工智能、个人信息安全		1. 对于即将到来的新技术浪潮，人们普遍认为其有五大核心技术领域，分别是5G通信网络技术、量子计算、半导体技术、AI人工智能及自动驾驶技术。 2. 所谓数字鸿沟是指在全球数字化进程中，不同国家、地区、行业、企业、社区之间，由于对信息、网络技术的拥有程度、应用程度以及创新能力的差别而造成的信息落差。 3. 直播带货作为互联网经济的一种新业态，大大方便了居民生活，不过在发展中也存在着一些产品质量不过关、虚假宣传等尚需进一步解决的问题。 4. 伴随着5G、人工智能、大数据等技术的创新发展，大量基于5G通信技术的智能手机、智能家电、智能汽车、智能机器人应用呈现爆发式增长，智能终端开始深刻影响人们的工作和生活。 5. 在认为人脸识别不太安全的受访者中，有过半受访者因不知道人脸信息如何处理和保管以及是否会被删除而感到担忧。

词汇示例	语法点示例	文化点示例
轰动、掀起、讽刺、楷模、发酵、庸俗、鉴别、便捷、狭隘、破碎、凸显、诱惑、分歧		
呈现、缩影、堪称、山寨、垄断、勘探、频率、沉浸、弊端、虚拟、渗透、契机、涌现、对峙、颠覆、瓶颈、驱动、瞄准、窃取、泄露、痕迹、匿名、偷窥、诽谤、恐吓、欺诈、骚扰、诈骗、履行、隐蔽		

主题五：中国与世界

初等（1~3级）

1级

子主题	话题示例	活动示例	语句示例
语言文字	我的母语、学汉语、汉字的笔画	1. 两人一组，互相介绍自己的家乡。 2. 看图片，学写简单的汉字笔画。 3. 看世界地图，在合适的位置填上相应的国家名称。	1. 我的母语是英语。 2. 我喜欢学习汉语。 3. 我想去中国。 4. 我会写汉字。 5. 汉字不难。
国家民族	我的家乡、特色产品、国家地理		1. 你是中国人吗？ 2. 我家在北京。你家在哪儿？ 3. 这里的面包很好吃。 4. 那里的水果非常有名。 5. 中国在日本的西边。

2级

子主题	话题示例	活动示例	语句示例
语言文字	外语学习、中国话、母语和外语	1. 采访身边的同学或朋友，了解他们学过的外语。 2. 欣赏中文歌曲《中国话》。	1. 我只学过一点儿英语，说得不太好。 2. 汉语是我的第一外语。 3. 如果你一直努力学习的话，一定能学好中文。 4. 我越来越喜欢学习中文。 5. 这个汉字多有意思啊！

词汇示例	语法点示例	文化点示例
爱好、大学、读书、教、汉语、汉字、好看、好玩儿、难、外语、写、学习、中国、中文	1. 方位名词：东、南、西、北；东边、南边、西边、北边 2. 能愿动词：会、能、想、要 3. 疑问代词：哪、哪里、哪儿 4. 人称代词：我、你、他、我们、你们、他们 5. 指示代词：这、那、这里、那里 6. 程度副词：非常、很 7. 否定副词：不 8. 语气助词：吗、呢、吧₁ 9. 名词性词语、形容词性词语、数量短语作定语 10. 主谓句1：动词谓语句 11. "是"字句：表示等同或类属	1. 中国的国家通用语言 2. 中国的主要邻国 3. 世界主要国家及其地理位置 4. 世界著名城市及其主要特征 5. 世界文明古国 6. 中国的四大名著 7. 中国的民族概况 8. 中国各民族的文化特色 9. 中国的地形和地势特征 10. 中国著名的山川河流 11. 中国农村的基本现状 12. 中国的地区间差异和城乡差异 13. 中国人的勤俭节约、尊老爱幼等传统
北京、茶、地图、东边、国、国家、国外、好吃、好看、家、哪、哪里、哪儿、外国、西边、这里、中国		

词汇示例	语法点示例	文化点示例
出国、地球、东方、国际、回国、家庭、假期、理想、留学生、旅行、普通话、生活、水平、提高、以外、英文、英语、影响、语言	1. 疑问代词：怎么样、怎样 2. 指示代词：那么、那样、这么、这样 3. 动量词：遍 4. 程度副词：特别、十分、多、更 5. 范围、协同副词：全、一共、只	1. 中国的国家通用语言 2. 中国的主要邻国 3. 世界主要国家及其地理位置 4. 世界著名城市及其主要特征 5. 世界文明古国 6. 中国的四大名著

子主题	话题示例	活动示例	语句示例
文学艺术	音乐、中国画	3.调查同学们喜欢的体育明星，并借助图片、视频等形式向全班汇报你的调查结果。	1. 我最喜欢流行音乐。 2. 她唱得怎么样？ 3. 我很喜欢《愚公移山》这个故事，一共读过十多遍。 4. 王老师教我们画中国画。 5. 这样画中国画特别有意思。
国家民族	著名作家、体育明星		1. 狄更斯是我最喜欢的作家。 2. 我们全都很喜欢中国作家鲁迅。 3. 我喜欢体育，科比是我最喜欢的篮球明星。 4. 在你们国家，喜欢篮球的人是不是更多？ 5. 郎平是中国人，是一个排球明星。

3级

子主题	话题示例	活动示例	语句示例
语言文字	字母与拼音、汉语声调	1.跟全班同学分享一本小说/一首诗/一篇散文等，说说这本小说/这首诗/这篇散文等带给你的感受。 2.假设你的外国朋友来你的家乡旅游，给他/她当一下导游，介绍一下你的家乡。	1. 你的语言和汉语的区别大吗？ 2. 汉语有声调，英语没有。 3. 我学汉语拼音学了一个月，实际上拼音一点儿也不难。 4. 对我来说，汉语声调确实比较难。 5. 为了读准每一个声调，他练习了很多遍。
文学艺术	小说、电影、电视剧		1. 我最喜欢的一本书是《巴黎圣母院》，它的作者是法国作家雨果。 2. 我很喜欢冰心的文章，只要有空儿，我就会一遍一遍地读。 3. 读民间文学故事是我的日常爱好。 4. 我喜欢热爱生命、热爱自然的文学作品。 5. 他每周都会看一次电影。

词汇示例	语法点示例	文化点示例
音乐、音乐会、流行、明星、画、画家、画儿、黑色、红色、黄色、绿色、颜色、快乐、练习、特别、有意思、重点	6. 时间副词：一直、已经 7. 结构助词：得 8. 动态助词：过 9. 助词：的话 10. 固定短语：越来越 11. 状态补语1：动词＋得＋形容词性词语	7. 中国的民族概况 8. 中国各民族的文化特色 9. 中国的地形和地势特征 10. 中国著名的山川河流 11. 中国农村的基本现状
部分、大多数、国际、来自、理想、流行、明星、排球、青少年、球队、全国、水平、特别、特点、体育、音乐、影响、友好、永远、运动、作家	12. 数量补语1：动词＋动量补语 13. 经历态：用动态助词"过"表示 14. 序数表示法 15. 概数表示法1：数词＋多＋量词 16. 用"是不是"提问	12. 中国的地区间差异和城乡差异 13. 中国人的勤俭节约、尊老爱幼等传统

词汇示例	语法点示例	文化点示例
变化、错误、复杂、共同、共有、区别、缺少、实际上、适用、特色、通常、外文、文字、相比、相似、优点、优势、有利、专门	1. 指示代词：各种、每 2. 语气副词：确实 3. 介词（表示排除）：除了 4. 连词（连接分句或句子）：并且 5. 数量重叠：数词＋量词＋数词＋量词	1. 中国的国家通用语言 2. 中国的主要邻国 3. 世界主要国家及其地理位置 4. 世界著名城市及其主要特征 5. 世界文明古国
保存、彩色、成果、传说、创作、丰富、民间、热爱、人生、生命、思想、特色、体现、外文、完美、伟大、文化、文明、文学、文章、文字、写作、意义、真实、自然、作品、作者	6. 固定格式：对……来说 7. 动词或动词性短语、主谓短语作定语 8. 重动句：主语＋动词＋宾语＋动词＋补语 9. 并列复句：又……，又…… 10. 递进复句：……，并且…… 11. 目的复句：为了……，…… 12. 用"一点儿也不……"表示强调	6. 中国的四大名著 7. 中国的民族概况 8. 中国各民族的文化特色 9. 中国的地形和地势特征 10. 中国著名的山川河流 11. 中国农村的基本现状

子主题	话题示例	活动示例	语句示例
国家民族	城市特征、家乡导览、文明古国	3.四人一组，讨论在日常生活中如何养成勤俭节约的习惯。	1. 除了爬长城，我们还参观了故宫，看了京剧。 2. 威尼斯是有名的水上城市，景色很美，并且这里的人也很友好。 3. 白天我们一起去爬长城、参观故宫等，晚上我们一起去吃各种特色美食。 4. 中国是世界文明古国。
思想与传统	勤俭节约、尊老爱幼		1. 我们不应该浪费食物，也不应该浪费水。 2. 我们又要发展经济，又要坚持环保。 3. 为了保护环境，夏天我们应该尽量少用空调。 4. 公交车和地铁上的爱心座位要留给有需要的人。 5. 我只要有时间就去爷爷奶奶家看他们。

中等（4~6级）

4级

子主题	话题示例	活动示例	语句示例
语言文字	汉字的历史、汉字的结构、汉字学习	1.策划一次汉语沙龙或汉语角活动，并邀请其他班级的老师和同学参加。	1. 汉字已经有三四千年的历史了。 2. 我喜欢写汉字，我觉得汉字的一笔一画都很有意思。 3. 无论多忙，她都坚持每天写一个小时汉字。 4. 他竟然连最简单的汉字都写不出来。 5. 汉字的主要结构有上下结构、上中下结构、左右结构以及左中右结构等。
文学艺术	画家、音乐家、舞蹈家、建筑家、文化遗产	2.小组合作，选择共同感兴趣的国家，分工介绍其概况和风土人情。	1. 作为一名画家，他在全世界都极其有名。 2. 他是一位著名的音乐家，创作的好几部音乐剧都成了世界音乐史上的经典。 3. 这座具有鲜明特色的大楼是他设计的。 4. 长城和秦始皇陵兵马俑都是世界著名文化遗产。我怎么可能没听说过呢？ 5. 五年前，我跟朋友一起去希腊旅行。我们参观了雅典卫城，让我印象很深刻。

词汇示例	语法点示例	文化点示例
北部、东部、长城、超级、城市、村、丰富、功夫、故乡、环境、家乡、京剧、精彩、景色、联合国、美丽、农村、桥、热爱、首都、特色、世纪、世界、文明、温暖、武术、消失、自然		
爱心、保护、反对、防止、负责、感情、感受、公共、关注、规定、规范、环保、环境、加强、坚持、坚决、尽量、节约、经验、科技、空调、浪费、破坏、文明、相互、需要、宣传、责任、中华民族、主张		12. 中国的地区间差异和城乡差异 13. 中国人的勤俭节约、尊老爱幼等传统

词汇示例	语法点示例	文化点示例
标志、翻译、官方、含义、含有、积累、记载、结构、近代、历史、流传、挑战、未来、吸收、鲜明、显著、想象、学问、优美、优秀、著名、著作、资源、字母	1. 程度副词：极、极其 2. 范围、协同副词：共 3. 语气副词：竟然 4. 介词（引出凭借、依据）：作为 5. 连词（连接词或词组）：以及 6. 助词：似的 7. 固定短语：一A一B 8. 固定格式：在……上/下/中 9. 趋向补语3（表示结果意义）：动词＋上/出/起/下	1. 汉字 2. 中国的国画、著名的画家及其作品 3. 中国画的艺术特征 4. 中国独特的音乐及常见传统乐器 5. 中国戏剧的种类、常见曲目名称及故事梗概 6. 中国民族舞蹈 7. 中国传统建筑 8. 中国有名的现当代画家、作家、音乐家、戏曲家、舞蹈家和建筑家
财富、潮流、称赞、出色、典型、含义、怀念、积累、记载、近代、经典、巨大、角色、历史、流传、梦想、描写、名人、神话、神秘、诗人、挑战、童话、吸收、喜爱、鲜明、显著、想象、学问、优美、优秀、有趣、主题、祝福、著名、著作、资源		

子主题	话题示例	活动示例	语句示例
国家民族	祖国、世界各国概况、世界各国风土人情	3. 以小组或全班为单位，选择一个神话传说，以戏剧的形式将主要情节表演出来。	1. 我的国家位于欧洲，景色非常优美，像画儿似的。只要你来过，你就会喜欢上这里的。 2. 这个国家到处都是鲜花，其中最著名的花儿是郁金香。 3. 大洋洲是世界上最小的洲，共有十几个国家，包括澳大利亚、新西兰等。 4. 意大利是欧洲的一个国家，经济发达，旅游资源极丰富。
思想与传统	神话传说、寓言故事、家风与家教		1. 这个神话故事在中国非常有名，没有人没听过。 2. 传说神农氏头上长着两只角，牛头人身。他是一位伟大的发明者，他发现了很多草都有药的作用。 3. 一般来说，我们家吃晚饭的时候大家会讨论一下一天发生的有趣的事儿，每周六早晨全家人会一起散步。 4. 在父母的影响下，我们兄弟姐妹几个都非常重视家人。哪怕工作再忙，也会定期和家人聚一聚。

5 级

子主题	话题示例	活动示例	语句示例
语言文字	流行语、网络热词、旧词新义	1. 搜集三～五个新近流行的词语，并向全班同学说明它们的含义和用法。	1. 每一年都有不同的网络流行语在快速传播，它们反映了时代的潮流，主要使用群体是年轻人。在使用一段时间后，它们大都会消失，或者被新的流行语替代。 2. "内卷"和"躺平"是中国"90后"和"00后"时常使用的词。"内卷"指过度竞争，"躺平"指退出竞争。 3. 网络热词的传播速度确实快得不得了！ 4. 现在"粉丝、吃瓜、打酱油"等词语在网络中都有了新的意义。

词汇示例	语法点示例	文化点示例
爱国、出色、传统、典型、风景、寒冷、怀念、季节、经典、居民、历史、热闹、热心、森林、善良、位于、稳定、显著、移民、优美、优秀、种植、著名、资源	10. 条件复句：无论……，都/也…… 11. 让步复句：哪怕……，也/还…… 12. 反问句2：由疑问代词构成的反问句 13. 用双重否定表示强调 14. 用"连……也/都……"表示强调	9. 中国的名胜古迹及其景观内容 10. 中国的行政区划 11. 中国气候的多样性 12. 中国著名企业 13. 中国重要传统节日及其风俗习惯 14. 中国的神话传说 15. 中国人尊师重教的传统 16. 中国人的家族观念 17. 中国人的恋爱观和婚姻观 18. 世界各国的文化禁忌
表扬、称赞、出色、传统、风俗、含义、怀念、婚礼、积累、禁止、经典、角色、老公、老婆、历史、流传、妻子、善良、身份、深厚、帅哥、童年、问候、新郎、新娘、兄弟、丈夫		

词汇示例	语法点示例	文化点示例
成语、出版、辞典、当代、繁荣、感想、古老、好运、华语、活力、进化、竞争、全世界、群体、群众、热门、输出、思维、岁月、特性、特有、提倡、突破、推行、微博、现有、象征、欣赏、一句话	1. 指示代词：彼此 2. 程度副词：尤其 3. 范围副词：大都 4. 时间副词：时常、一向 5. 介词（引出时间、处所）：随着	1. 汉字 2. 中国的国画、著名的画家及其作品 3. 中国画的艺术特征 4. 中国独特的音乐及常见传统乐器

子主题	话题示例	活动示例	语句示例
文学艺术	文学爱好、艺术爱好、文学与艺术的魅力	2. 以小组为单位，调查一下本班同学的文学或艺术爱好。 3. 假设你在参加一个博览会，请你推介一下本国最有名的企业和产品。 4. 中国有句话叫"入乡随俗"，说一说你的家乡都有什么样的风俗。	1. 我热爱文学，尤其喜欢散文和诗歌。 2. 我父亲有很多爱好，尤其热爱书法，每天都坚持练习。随着年龄的增长，他的书法越来越好。 3. 我从小就喜欢跳舞，而且大学的专业也是舞蹈，我想成为一名舞蹈家。 4. 开始的时候，他只是想试试，但学着学着就喜欢上了武术，越学越觉得有意思。
国家民族	企业、产品、品牌		1. 中国高铁又快又稳，技术一流，规模全世界领先。 2. 他们公司的产品已经凭质量赢得了市场，很多公司都愿意跟他们开展贸易合作。 3. 我们国家的企业一向非常重视产品质量，为的是能够持续发展。 4. 全聚德是一家很受欢迎的饭店，在加拿大、澳大利亚、法国等国家都有分店，烤鸭是他们的特色菜。
思想与传统	风俗习惯、节日传统、恋爱观、婚姻观		1. 不同国家和地区的人相互尊重彼此的风俗习惯是一种礼貌。比如在印度，牛在大街上走，车辆和行人要礼让；依照泰国的传统，我们不可以用手摸别人的头。去各地旅行的时候，我们应该尊重当地的风俗习惯。 2. 中国不是唯一过中秋节的国家，东亚和东南亚一带好几个国家都有类似的节日，但每个国家都有自己特有的节日习俗。 3. 仲夏节是北欧国家的传统节日。每年仲夏节那天，人们都会穿上漂亮的民族服装参加晚会，共同庆祝这个美好的节日。 4. 母亲节是一个感谢母亲、向母亲表达爱意的节日。在这个节日，儿女们往往会给母亲送上一束康乃馨。

词汇示例	语法点示例	文化点示例
繁荣、风光、感想、歌曲、华语、建筑、剧本、浪漫、漫画、人物、散文、诗歌、视频、书法、文艺、舞、喜剧、戏、戏剧、享受、相声、欣赏、修养、一流、展览、珍贵、专辑		
博览会、博物馆、餐馆、餐厅、繁荣、古老、活力、继承、贸易、签订、签约、前景、全世界、热门、为主、一流、拥有、尤其、有着、展览、展示、众多、自豪	6. 介词（引出凭借、依据）：凭、依照 7. 固定短语：A 着 A 着；不得了 8. 程度补语2：形容词/动词 + 得 + 不得了/慌/厉害 9. 目的复句：……，为的是…… 10. 句群	5. 中国戏剧的种类、常见曲目名称及故事梗概 6. 中国民族舞蹈 7. 中国传统建筑 8. 中国有名的现当代画家、作家、音乐家、戏曲家、舞蹈家和建筑家 9. 中国的名胜古迹及其景观内容 10. 中国的行政区划 11. 中国气候的多样性 12. 中国著名企业 13. 中国重要传统节日及其风俗习惯 14. 中国的神话传说 15. 中国人尊师重教的传统 16. 中国人的家族观念 17. 中国人的恋爱观和婚姻观 18. 世界各国的文化禁忌
必需、道德、礼貌、恋爱、勤奋、特有、提倡、推行、唯一、象征、欣赏、一辈子、一带、以往、意识、意味着、饮食、原先、早期、珍惜、注重、众多、尊重、遵守		

6级

子主题	话题示例	活动示例	语句示例
语言文字	汉语水平、世界语言分布、世界语言异同	1. 说一说你现在的汉语水平（可以分听、说、读、写等不同的方面）。	1. 本人汉语水平还可以，日常跟中国朋友聊天儿都没有问题。 2. 我的汉语不怎么好，连听、说都不行，更别说写了。 3. 我现在在学中级汉语，虽然我的汉语水平还很有限，在阅读一些报刊时还需要查词典，但是我喜欢跟中国朋友交流，他们能在很多方面给我提供帮助。 4. 西班牙语同意大利语很像，很多单词的写法都是一样的，但是一些单词的发音有一定的区别。
文学艺术	自然遗产、文化名城、旅游景点	2. 以小组为单位，讨论你们的母语与汉语的异同。	1. 说到风景名胜，我不禁回忆起小时候和家人一起爬长城的场景。 2. 伦敦老城区虽不大，但处处是景点。 3. 埃及的金字塔超级壮观。据说，金字塔已经有近5000年的历史了。 4. 据我所知，德国是个很迷人的国家，那里有很多名胜古迹，我特喜欢在德国旅游。
国家民族	人口情况、人口增长率、人口普查	3. 四人一组，查找资料，介绍本国人口基本情况。 4. 辩论：老师是否应该跟学生做朋友？	1. 1949年至今，中国的人口数量发生了很大变化，总数已经超过14亿。但城乡差距比较大，越来越多的人开始去城镇生活，很多村庄都只剩下老一代人了。 2. 日本人口连续多年负增长，欧洲人口在过去10年也只保持了低速增长趋势。 3. 据统计，目前印度人口已经超过14亿，占世界总人口的18%。 4. 澳大利亚总人口数为2600多万，男性所占比例为49.8%，女性所占比例为50.2%。
思想与传统	师生关系、尊敬师长、尊师重教		1. 老师要对学生友好，学生也要尊敬老师。 2. 这个班师生间的互动非常活跃。 3. 老师应该在学生面前保持足够的严肃性，可也不能过度，要不然会影响师生关系的和谐。

词汇示例	语法点示例	文化点示例
办公、报刊、报考、笔试、补课、补习、差异、层面、搭配、法语、高手、稿子、歌词、核心、解说、借鉴、口试、聊天儿、强化、区分、认同、日语、融合、融入、识字、实践、素质、探索、提升、文娱、无关、西班牙语、因素		1. 汉字 2. 中国的国画、著名的画家及其作品 3. 中国画的艺术特征 4. 中国独特的音乐及常见传统乐器
遍地、场景、城区、出名、创意、地名、佛教、富有、港口、观光、海外、皇帝、景点、名胜、墓、桥梁、盛行、寺、塔、天堂、天下、行程、沿海、演奏、游人、游玩、住宅、壮观	1. 类后缀：－性 2. 指示代词：本 3. 程度副词：特 4. 方式副词：不禁 5. 介词（引出对象）：同₁ 6. 介词（引出凭借、依据）：据 7. 连词（连接词或词组）：与₂ 8. 连词（连接分句或句子）：可₃ 9. 结构助词：所	5. 中国戏剧的种类、常见曲目名称及故事梗概 6. 中国民族舞蹈 7. 中国传统建筑 8. 中国有名的现当代画家、作家、音乐家、戏曲家、舞蹈家和建筑家 9. 中国的名胜古迹及其景观内容
爆发、本土、波动、差异、查看、城区、城乡、城镇、村庄、佛教、富有、海外、基督教、融合、涉及、市民、死亡、岁数、提升、同胞、外来、信仰、沿海、一代、镇、政策、宗教、族	10. 固定短语：不怎么 11. 递进复句：连……也/都……，……更…… 12. 转折复句：虽……，但/可/却/也…… 13. 假设复句：……，要不然/不然	10. 中国的行政区划 11. 中国气候的多样性 12. 中国著名企业 13. 中国重要传统节日及其风俗习惯 14. 中国的神话传说 15. 中国人尊师重教的传统 16. 中国人的家族观念 17. 中国人的恋爱观和婚姻观 18. 世界各国的文化禁忌
崇拜、对抗、反抗、和谐、核心、互动、活跃、聊、难忘、恰当、倾向、情绪、师父、师生、适当、探索、		

子主题	话题示例	活动示例	语句示例
思想与传统			4. 老师与学生在课堂上是师生关系，但在课堂下可以成为朋友，这能够拉近他们之间的距离，有利于师生间的沟通。

高等（7~9级）

子主题	话题示例	活动示例	语句示例
语言文字	方言、口音、中国书法	1. 小组合作，选择中国书法中的一种，如楷书、行书、草书等，查找资料，向全班介绍其特点及代表作品。 2. 小组合作，设计一次画展/书法展/摄影展/建筑展，说明其目的、主题和展出内容等。 3. 假如你是市长，你会在本市进行哪些经济改革？	1. 方言是语言因地域差异而形成的变体。中国各地方言众多，不同方言之间差别颇大，其中语音差别最大，其次是词汇和语法。 2. 我所在的美国南方地区口音蛮重的，大家说话都喜欢拖长音，而且词和词当中没有停顿。对外国人来说，极为难懂。 3. 楷书笔画平直，字体端正。楷体书法最著名的有欧体、颜体、柳体及赵体。 4. 草书具有很大的灵活性，能够很好地表达书写者的情感。
文学艺术	文学艺术展览、文学艺术节、艺术品交流会		1. 为了丰富校园文化活动，提高学生审美修养和人文修养，同时给广大摄影爱好者搭建一个互相交流之平台，我们打算在今年五月份举办一次摄影展。 2. 本次校园书法展的主题是"迎新春"，共计100幅优秀作品参展，展品内容丰富多彩。 3. 本次建筑展共有五个主题，分别是城市、空间、艺术、科技和生活。展出以图片、视频和模型的形式，表达了国内外26位建筑师对这五个主题的不同理解。本次建筑展在业界颇受欢迎，一共接待观众五万八千人次。 4. 女士们，先生们，上午好！欢迎参加此次校园拍卖会。今天的拍卖会由我主持，很高兴能为大家服务。希望我的服务能给在座的每一位带来好运。

词汇示例	语法点示例	文化点示例
提升、徒弟、心灵、遗憾、意愿、用心、愉快、增进、自在		

词汇示例	语法点示例	文化点示例
辨别、辨认、秉承、呈现、传承、错综复杂、地理、地域、端正、对照、耳目一新、发扬光大、发源地、繁体字、方言、风貌、风情、工整、勾画、国学、横、话语、简体字、鉴别、鉴赏、介于、口音、力度、潦草、轮廓、气势、清晰、书面、书写、体系、停顿、通俗、抑扬顿挫、悠久、字体 昂贵、饱满、宝库、宝藏、保管、爆满、逼真、壁画、编号、编排、标签、标示、别致、灿烂、藏品、陈列、筹办、筹备、筹划、出土、出自、初衷、档次、雕刻、雕塑、顶级、顶尖、发布会、发起人、丰富多彩、感染力、高雅、构思、构想、古董、古今中外、国宝、国画、画展、建筑师、建筑物、鉴赏、开场、来宾、拍卖、颇、情调、情怀、请柬、请帖、人文、入场券、审美、文物、展出、展览会、中国画	1. 能愿动词：需 2. 疑问代词：何 3. 指示代词：该 4. 名量词（复合量词）：人次 5. 程度副词：极为、蛮、颇 6. 时间副词：历来 7. 关联副词：亦 8. 语气副词：必定 9. 介词（引出凭借、依据）：依 10. 连词（连接词或词组）：及 11. 结构助词：之 12. 固定短语：除此之外；这样一来；总的来说 / 总而言之 13. 固定格式：因……而…… 14. 句群	1. 中国使用人数较多的方言 2. 中国各地的口音 3. 中国书法的种类及艺术特征 4. 中国有名的书法家 5. 中国经济发展概况 6. 中国金融概况 7. 中国的民族政策 8. "和而不同"的思想 9. 中国的多元文化 10. "人类命运共同体"的理念

子主题	话题示例	活动示例	语句示例
国家民族	经济改革、种族歧视、贫富差距、国际交往、时事问题		1. 总而言之，这个国家目前经济不景气，如果不尽快进行经济改革，经济增长必定会进一步减速，这不利于社会的稳定和发展。 2. 依我看，他们应该创新管理和服务的方式，并且保障市场竞争的公平性。鼓励创新，大力发展高新技术产业尤为重要。 3. 目前，该国失业率很高。国家应该为公民创造就业条件，提供就业机会，并鼓励自主创业。 4. 今天是国际消除种族歧视日。至今，种族歧视现象在世界上仍然存在。我们期待有一天种族歧视能彻底消除。
思想与传统	和而不同、多元文化、人类命运共同体		1. "和而不同"这句话出自《论语》，意思是在与人交往时需与他人保持和谐友善的关系，但在对具体问题的看法上却不必迎合对方、附和对方的言论。"和而不同"是与人交往时最好的交际姿态。一方面与他人保持一种和谐友善的关系，另一方面又不刻意迎合对方。这样一来，既能赢得别人的尊重，又能坚守自我。 2. 中国人历来主张以和为贵。这个世界本来就是多姿多彩的。我们皮肤的颜色不同，来自不同的种族。除此之外，我们的信仰和文化背景亦各异，应该学会尊重差异性、接纳多样性。 3. 人类只有一个地球，各国共处一个世界。环境污染、疾病流行、资源短缺、气候变化等问题层出不穷，对人类的生存构成了严峻的挑战。不论我们身处何国，信仰如何，是否愿意，实际上我们已经处在一个命运共同体中。 4. 在全球化的大背景下，人类已经处在'地球村'中，各国公民同时也是地球公民，全球的利益也就是自己的利益，任何一个国家采取有利于全球利益的举措，实际上也都服务了自身的利益。

词汇示例	语法点示例	文化点示例
保障、贬值、变革、不得而知、不利于、不正之风、不景气、不可避免、布局、步伐、长期以来、超前、持久、低谷、低迷、腐败、复兴、富强、富裕、富足、高新技术、根源、跟不上、跟上、国情、和睦、货币、减速、拉动、偏见、贫富、贫穷、歧视、牵制、容忍、市场经济、势头、失业率、衰退、税收、统筹、外贸、下调、萧条、一系列、隐蔽、整合、种族、尊严		
秉承、层出不穷、除此之外、出自、多元、附和、共鸣、共识、共同体、共性、和睦、和平共处、和气、价值观、接纳、跨国、刻意、儒家、儒学、圣贤、他人、严峻、言论、友善、迎合、蕴藏、蕴涵、姿态、中庸、众所周知、种族		

二、语言技能

语言技能包括听、说、读、写、译等方面的技能及其综合运用。其中听、读是理解性技能，说、写、译是表达性技能。理解性技能和表达性技能在中文学习中相互促进，相辅相成。进行人际沟通，需要综合运用理解性技能和表达性技能。

1. 初等 1 级

初等 1 级中文课程应包含相应的听、说、读、写等技能内容。

（1）听：听发音标准、语音清晰、语速缓慢的词语、单句或简短对话，可以使用图片、实物等手段辅助听力理解。

（2）说：用发音基本正确的词语或单句进行简单问答，如询问商品价格、介绍自己房间里的设施等。

（3）读：借助图片、拼音等，阅读日常生活中最常见的标识、简单的便条、表格、地图等。

（4）写：手写或用电子设备输入最简单的汉字；借助拼音等用简单的词语和常用单句进行书面表达，如填写最基本的个人信息、书写便条等。

2. 初等 2 级

初等 2 级中文课程应包含相应的听、说、读、写等技能内容。

（1）听：听发音标准、语音清晰、语速较慢的单句或包含少量简单复句的对话与一般性讲话，如学校活动安排、当地社会新闻等，可以使用手势、表情等手段辅助听力理解。

（2）说：用发音基本正确的简单句进行简短的问答、陈述以及社交性谈话，如问路指路、请求他人帮助，谈论健康问题、中国文化产品等。

（3）读：借助拼音、插图、学习词典等阅读介绍性、叙述性语言材料，如一般的通知、消息等。

（4）写：通过打字或手写的方式，用简单的句子介绍与个人生活或学习等密切相关的基本信息。

3. 初等 3 级

初等 3 级中文课程应包含相应的听、说、读、写等技能内容。

（1）听：听发音自然、略带方音、语速正常的非正式对话或讲话，如简单的中文故事、中文导游关于景点特色的简单介绍，内容中可有重复、停顿等因素，可含言外之意。

（2）说：用少量较为复杂的句式比较完整、流畅地讲述简单的故事，进行比较完整的介绍和说明，就某个话题进行简单的交流或讨论等。

（3）读：利用字典、词典等阅读叙述性、说明性等语言材料，如简单的中文故事、关于景点的简单的中文介绍等，理解文章大意和细节信息。

（4）写：用社交软件或电子邮件等进行语句基本正确、表达基本清楚的简单的书面交流，如书写邮件、通知及叙述性短文等。

4. 中等 4 级

中等 4 级中文课程应包含相应的听、说、读、写、译等技能内容。

（1）听：听发音自然、略带方音、语速正常的非正式对话或讲话，内容中可有重复、停顿等因素。

（2）说：用一些比较复杂的句式叙述事件发展、描述较为复杂的情景、简要陈述观点或表达感情、进行一般性交谈。

（3）读：阅读叙述性、说明性等语言材料及简单的议论文。

（4）写：用简单的句式进行语段表达，进行简单的叙述性、说明性等语言材料的写作。

（5）译：进行非正式场合的接待和简单的陪同口译，翻译简单的叙述性、说明性等书面语言材料。

5. 中等 5 级

中等 5 级中文课程应包含相应的听、说、读、写、译等技能内容。

（1）听：听发音自然、略带方音、语速正常的非正式和较为正式的对话或讲话，内容中可有嘈杂的环境、重复和停顿等因素。

（2）说：用比较复杂的句式进行交谈、较为详细地描述事件、完整地发表个人意见、连贯地表达较为复杂的思想感情。

（3）读：阅读叙述性、说明性、议论性等语言材料。

（4）写：用较为复杂的句式进行语段表达，进行一般的叙述性、说明性及简单的议论性等语言材料的写作。

（5）译：进行非正式场合的简单交替传译，翻译一般的叙述性、说明性及简单的议论性等书面语言材料。

6. 中等 6 级

中等 6 级中文课程应包含相应的听、说、读、写、译等技能内容。

（1）听：听发音自然、略带方音、语速正常或稍快的对话或讲话，内容中可有语病、修正等因素。

（2）说：用复杂的句式详细描述事件和场景、进行较为流利的讨论和简单的协商、较充分地表达个人见解和思想感情。

（3）读：阅读较复杂的叙述性、说明性、议论性等语言材料。

（4）写：用较长和较为复杂的句式进行语段表达，进行常见的叙述性、说明性及议论性等语言材料的写作。

（5）译：进行非正式场合的口译，翻译常见的叙述性、说明性及议论性等书面材料。

7. 高等 7~9 级

高等 7～9 级中文课程应包含相应的听、说、读、写、译等技能内容。

（1）听：听语速正常或较快的讲座、专题新闻等语言材料。

（2）说：用复杂的句式进行讨论、演讲或即兴发言，运用修辞手段增强口头表达效果。

（3）读：阅读各类体裁的文章，学习各种阅读技能。

（4）写：进行应用文、说明文、议论文等的写作。

（5）译：进行正式场合的交替传译、口译，翻译各种文体的文章。

三、学习策略

学习策略主要包括元认知策略、认知策略、交际策略、情感策略等。其中元认知策略可以帮助学习者制订学习计划、监控和调整学习过程、对学习过程与结果进行反思；认知策略可以帮助学习者采用恰当的学习方式提高学习效率；交际策略有助于学习者发起、维持交际，提高交际效果；情感策略有助于学习者激发并维持学习动机，调控学习情绪，保持积极的学习态度。

1. 元认知策略

- 制订明确的中文学习目标和计划；

- 积极探索适合自己的学习方法；

- 有意识地加强自己的学习专注力；

- 在交流中注意倾听；

- 主动进行预习和复习；

- 有意识地规划、管理学习时间，提高学习效率；

- 主动利用图书馆、网络等相关资源进行拓展学习；

- 对自己的学习成果进行反思和评价；

- 主动根据需要调整学习计划，遇到问题主动请教；

- 善于抓住课内外用中文沟通和交流的机会开展学习和交流。

2. 认知策略

- 在词语和相应事物之间、新旧语言知识之间、学习内容与个人经历之间建立有意义的联系；

- 利用不同的感官增强理解和记忆；

- 借助图表、思维导图等工具归纳、整理所学内容；

- 通过分类、联想、搭配、构词法等多种方法加深对词汇的理解和记忆；

- 借助不同的资源学习和记忆词语；

- 利用语境学习词汇和语法；

- 关注语法形式、意义和应用，善于发现语言规律；

- 运用预测、略读、跳读、推理、猜测等技巧进行中文阅读；

- 运用列提纲、修改习作、积累词句等策略进行中文写作；

- 借助母语知识以及翻译、联想等方法，理解中文；

- 在学习和使用中文时，对发现的错误进行分析与纠正；

- 积极运用所学中文进行表达和交流。

3. 交际策略

- 没听懂对方说的中文时，请对方说慢一点儿或再说一遍；

- 积极主动参与课内外语言互动活动，阐述自己的观点；

- 运用解释、重复、近似、迂回表达、替代、重组和直接求助等语言手段克服交际中的语言障碍；

- 在沟通和交际中，借助手势、表情等非语言手段提高交际效果和沟通能力；

- 遵守中文交际的基本礼仪，注意并尊重不同文化习俗的差异。

4. 情感策略

- 对中文学习保持积极的态度和自信心，主动参与各种学习和运用中文的实践活动；

- 积极使用中文进行交际，不怕犯错；

- 主动克服中文学习中的焦虑情绪；

- 乐于与他人分享中文学习资源、方法、策略和成果；

- 在学习和运用中文的过程中调控自己的情绪，取得成绩不骄傲，遇到困难不放弃。

第三章　课程评价

一、评价理念

教学评价主要着眼于对学生的学习过程和结果做出定量和定性评定。评价应贯穿中文课程教与学的全过程，通过评价提供及时、准确的反馈，为了解教学目标的达成度和学生的发展状况以及进行后续教学决策提供依据，将评价结果应用到进一步改进教学和提高学生学习成效上。为了实现以评促学、以评促教，评价应有助于学生不断体验中文学习的进步和成功、保持并提高中文学习的兴趣和自信心；应有助于教师获取教学的反馈信息，反思自己的教学行为和效果，不断提高中文教学水平和专业能力；应有助于学校和其他利益相关者及时了解中文课程的实施情况、课程目标的达成度，不断改进教学管理，支持中文课程持续开展。

基于以上理念，国际中文教学课程评价主要采用：

（1）两条评价路径：形成性评价和终结性评价；

（2）两种评价基准：达标性评价和增值性评价；

（3）多个评价维度：语言知识、语言技能、文化能力、策略能力以及语言理解、语言表达和人际沟通等语言综合运用能力；

（4）多元评价主体：教师评价为主，其他主体评价为辅，包括内部评价与外部评价、学习者自我评价与同伴评价等。

二、评价维度

教学评价可以从不同维度进行。根据聚焦的维度和指标，可以分为综合性评价和分析性评价。综合性评价着眼于学生的语言综合运用能力，在相关情境和任务下，从语言理解、语言表达和人际沟通等维度进行评价；分析性评价聚焦于学生的语言知识、语言技能、文化能力或策略能力等，可以就具体的学习内容展开分项评价。实际教学中，可根据不同等级的目标要求和教学内容灵活选取评价维度，将综合性评价和分析性评价结合起来使用。

1. 语言理解

　　根据课程目标和内容，评价学习者理解和分析一系列（尤其是《大纲》所列五大主题）中文书面、语音、图片和视频材料的能力。

2. 语言表达

　　根据课程目标和内容，评价学习者在一系列情境（尤其是《大纲》所列五大主题）中准确、有效运用中文进行口头和书面表达的能力。

3. 人际沟通

　　根据课程目标和内容，评价学习者在各种人际交流场合（尤其是《大纲》所列五大主题）综合运用交际知识和策略，使用中文有效获取信息和沟通表达各种思想观点的能力。

4. 语言知识

　　根据课程目标和内容，评价学习者对相应等级的汉语语音、词汇、语法和汉字知识的掌握程度。可以单独制定评价指标，如"给拼音标出正确的声调""写出汉字的偏旁和部件"等；也可在其他评价维度中融入相关指标，如在口头表达评价中设置"语音准确性"指标，或在写作评价中设置指定词语、语法项目的考查指标。

5. 语言技能

　　根据课程目标和内容，评价学习者在相应等级下的中文听、说、读、写、译技能。可以单独制定评价指标，如"听懂 200 字 / 分钟以下语速的日常对话""根据指定材料撰写一篇 400 字左右的短文"；也可在综合性评价维度中融入相关指标，如"能与朋友就熟悉的话题进行简单问答""能手写出自己的性别、国籍和出生年、月、日等"。

6. 策略能力

根据课程目标和内容，评价学习者在中文及中文学习相关的动机、情感、自信心等方面的均衡发展情况；评价学习者综合运用各类资源进行中文学习和中文沟通的能力；评价学习者将中文知识、能力与其他学科知识贯通，综合解决问题的能力。策略能力的评价宜与其他维度的评价结合起来进行，将相关指标融入综合性评价之中，如"在小组讨论中与组员积极沟通、配合默契""主题报告材料媒体运用丰富恰当，图文制作精美"。

7. 文化能力

根据课程目标和内容，评价学习者对相应等级的（尤其是《大纲》所列五大主题）文化知识的掌握程度。考查学习者的多元文化意识和中文运用策略，特别是在中文环境中成功进行跨文化交际的能力。可单独制定评价指标，如"能说出中国春节的习俗""能比较与反思中国文化和自身的母语文化"；也可在其他评价维度中融入相关指标，如"能根据不同的社会文化语境选择适宜的中文表达"。

三、评价方式

教学评价应采用多种评价方式和手段，体现多渠道、多视角、多层次、多维度、多方式的特点。形成性评价和终结性评价两条评价路径与达标性评价和增值性评价两种评价基准构成国际中文教学四种常用的评价类型，下面先简要对其进行比较说明。

四类常用教学评价的比较			
评价类型	**形成性评价**	**终结性评价**	**达标性评价**	**增值性评价**
定义	在教学过程中，为了解学生的学习情况、及时发现教学中的问题而进行的评价	在一个阶段的教学结束时，为判断学习和教学的最终效果而进行的评价	为判断学习者是否达到规定的知识掌握水平和能力要求，而依据教学目标或标准进行的评价	根据学生在一段时间内学业成就或学习表现的变化而进行的评价
评价目标	了解学习过程，监测教学进展	对阶段性教学的质量做出结论性评价，为教学与学习提供反馈信息	了解教学目标的达成度	引导学生多元发展，使教学更个性化并有针对性

（续表）

评价类型	形成性评价	终结性评价	达标性评价	增值性评价
评价内容	各项语言知识、语言技能、文化能力和策略能力等的学习过程	章节、单元、学期、学年等各种阶段性教学的最终结果	学生实际掌握的语言知识、语言技能、文化能力和策略能力等与应该达到的标准之间的比较	学生在一段时间内学业成就或学业表现的变化
评价主体	教师评价、学生自评、学生互评等校内评价为主	校内评价与校外评价并重	校内评价与校外评价并重	教师评价、学生自评、学生互评等校内评价为主
典型评价活动	课堂观察、课堂提问、听写练习、小组讨论、课后作业、课堂活动评价，问卷调查、学习者自我评估、自我反思、同伴互评、纸笔测试、师生面谈、学习者档案评价等	口头报告、演讲、项目研究成果、课程测试（期中、期末考试）、学业水平测试（中文水平等级测试、毕业离校考试）等	学业水平测试、国家或地区统一考试、入学分班测试、毕业离校考试等	标准化测试、自陈式量表评估、课业考试等
结果运用	确定教学需求，了解学习者的特点和语言强弱项，通过持续性的反馈指导并改善教学	了解教学质量，以便制订下一阶段的教学计划，改进教学效果	了解学生学业成绩的达成度及与其他学生的比较情况，以便取长补短，改进教学质量	促进教育公平，增强学生学习动力，进行个性化、差异化教学，促进每个学生的进步

　　国际中文教学评价应将形成性评价与终结性评价相结合、达标性评价与增值性评价相结合、定性评价与定量评价相结合，灵活选择合适的评价方式，提供全面、准确的反馈信息。

1. 形成性评价

　　形成性评价关注学生在日常学习过程中的表现和成绩，可以在教学过程的多个节点进行。由于评价实施的时间、方式和主体等不同，形成性评价有不同的分类。根据教学实施的环节来划分，一般有课堂评价、作业评价、阶段评价等形式；根据评价的主体来划分，除了教师对学生的评价以外，还有学习者自我评价、同伴评价等形式；根据评价的方式来划分，一般有测验、面谈和档案袋评价等形式。教师应将课堂活动作为灵活简短的评价手段，对学生的学习表现给予及时评价和反馈，评价结果可进入学生的学习档案，以充分反映个人的成长过程和进步幅度。评价成绩或等级可依据各地日常教学评价的惯例进行设计。下面是一些常用的形成性评价方式。

（1）课堂评价

课堂评价指对课堂教学活动中学生的学习行为、学习方式和学习表现所进行的评价。通过课堂评价可以及时了解学生的学习过程、进步情况和遇到的困难。教师可以通过课堂观察、随堂检测等多种方式评价学生的课堂表现，以便及时调整教学目标，改进教学方式与方法，提高教学效果。

（2）作业评价

作业评价是国际中文教学过程的重要组成部分。通过作业评价可以及时了解学生语言知识和能力的发展状况，为检验教学效果、发现和诊断学生的学习问题、调整和改进教学提供依据。

（3）阶段评价

阶段评价包括单元学习评价和根据教学计划制定的某个阶段的学习评价，重点在于考查学生单元或阶段语言知识与技能的发展情况，以及文化意识、核心策略的掌握和运用等情况。考查的依据可以来自课堂评价、作业评价等，也可以是阶段测验和学生的自我总结等，评价的信息可以给教师和学校参考，也可以反馈给学生。

（4）学习者自我评价

学习者自我评价是多元主体评价的一种重要形式，是指学习者依据一定的标准，对自己的学习行为和效果做出分析判断，并对自身的学习进行调节和控制的活动。学习者自我评价本质上是学习主体对自己的学习进行反思和调控，具有自我诊断、自我反馈、自我调节、自我激励和自我发展等多种功能。

（5）同伴评价

同伴评价是指在教师的组织和指导下，学生作为评价的主体，依据一定的评价标准，对同伴的学习成果或学习活动做出判断，并给予反馈的活动形式。同伴评价中学习者作为评价者，可以组内互评，也可以组间互评，学习者在参与评价的活动中需更多地投入与思考。同伴评价作为参与学习的方式，不但有利于促进学生认知与元认知等高阶认知能力的发展，有利于提高学习者的参与度及学习动机与学习兴趣，还能在社会交往过程中促进学生沟通能力的发展。

（6）面谈评价

教师通过与学生的面谈，全面了解学生发音、听力、口头表达等方面的状况，根据面谈与学生的自我报告，结合日常教学观察，全面评估学生听、说、读、写、译各技能和汉字、词汇、语法等语言要素的掌握情况，以及学习动机和情感状态等，并通过面谈跟学生一起分析其各方面的强项和弱项，鼓励学生扬长补短努力学好中文。

（7）档案袋评价

学习档案袋是一种侧重于过程的评价方式，是在教师的指导下，主要由学习者通过收集、整理学习过程中的文档和资料来反映自己的进步。随着信息技术的不断发展，档案袋评价逐步电子化，形成电子档案袋等形式。档案有不同的类型，可以根据档案袋的要求或评价目标灵活选取。

2.终结性评价

终结性评价是对学习成果的评定，可通过课程测试（期中、期末考试）、学业水平测试（中文等级水平测试、毕业离校考试）等方法获取数据进行评定。终结性评价的命题须科学规范，内容充分体现语言知识、语言技能、情感策略及多元文化意识等评价目标，形式上应积极采用多种多样的试题类型，根据课程目标的需要，平衡听、说、读、写、译技能的考查，控制机械记忆类试题的比例，侧重综合性、开放性的试题。

3.达标性评价

达标性评价用来评定学习者是否完成规定的学习任务，是否达到规定的知识掌握水平和能力要求。达标性评价最常用的方式是通过参加统一的学业水平测试来评定学习者是否达到相应的水平。例如，通过测试来确定学习者是否达到《国际中文教育中文水平等级标准》所规定的三等九级中的某个等级水平。日常教学中，在确立日学习目标、周学习目标、课学习目标、单元学习目标、学期学习目标或某种阶段性学习目标的基础上，可以通过测试来评价学习目标的达成度，也可以让学习者对照评价表自我评价达成度。

4. 增值性评价

　　增值性评价常用来评价学生的发展，根据学生在一段时间内不同时间点上的表现（通常是标准化测试成绩）差值，获得学生产生的"增值"情况并对其进行评价，以此来判断其学业的进步或者退步，从而衡量学习者知识与能力的发展情况。增值性评价测量的学习成果来源可以是标准化测试、自陈式量表和课业考试成绩等。关于增值性评价方法、内容和结果，教师和利益相关方可根据学生的年龄、语言水平等特点，结合教学目标，选择性采用。

5. 其他评价方式

（1）诊断性评价

　　一般是在课程、单元、学期、学年开始前后进行，旨在对学生的知识、技能及情感等学习状况做出鉴定，帮助教师了解学生存在哪些不足、是否具备实现当前教学目标所要求的条件，进而调整教学目标或计划，设计可以满足不同起点水平和不同学习风格的学生所需的教学方案。国际中文教学中的诊断性评价可以通过语言诊断测试、分班测试等来进行，也可以通过分析观察记录和学籍档案等手段完成。

（2）外部评价

　　外部评价是来自课程实施主体之外的评价主体对学生学习效果及成果质量所实施的评价，包括行政评价、社会评价、同行评价、家长评价等，具有主体多元、方法多样等特点。外部评价与内部评价相结合，重点在于改进学生学习效果，改善教学、学习过程和成果。外部评价可由教育行政部门牵头实施，也可由教学督导、校外专家、第三方评价机构等进行。外部评价应确保评价方案和评价指标的科学性与合理性、评价方式的多元化，优化评价实施过程，确保评价结果的科学性和可靠性，并注重评价结果反馈及改进建议的制订。可通过标准化统一考试、学生学习效果问卷、课程学习支持满意度调查等进行定量评价，也可通过观察、座谈、访谈等方式进行定性评价。

　　附录二、三中就上述各类评价方式提供了样表或样题，供国际中文教师在实际教学中参考使用。

附　录

一、常见教学模式课例

本附录包含大学中文教学的五个课例。

教学有法而无定法，贵在得法。各个国家、各个大学的情况千差万别，各国外语教学传统各有特色，不同的教学项目各有其特定目标，不同的教师各有其教学风格，本附录提供的五个课例旨在提供示例。我们希望这五个课例能在一定程度上体现国际中文教学途径与教学模式的多样性。尽管教学模式不同，但这些课例的基本理念是一致的，那就是：以学生为中心，遵循中文作为第二语言的习得规律，兼顾结构、功能和文化，平衡语言形式和表达内容两个方面，将语言知识学习和语言运用实践有机结合起来，以促进学生中文综合运用能力以及文化能力、学习能力和思辨能力、情感和态度的发展为目标。

课例1 综合课教学 /PPP 模式
今天晚上有空儿吗？

主题：约定时间

难度：【初等】1～2级

课时：4课时

（一）教学目标

1. 掌握本课重点词语的意义、用法和书写形式。掌握本课语言点"时刻表达法"和"时间状语"。能运用本课词语和语言点，以口头和书面形式交流日常作息习惯，提出活动邀请或建议，商定活动时间。语音比较标准，汉字书写比较规范，语法基本正确，表达比较清楚。

2. 了解课文里提到的"长城"和"龙"在中华文化里的含义。

3. 在练习活动中相互帮助，遇到困难时能利用词典等学习工具。

4. 在运用最简单的汉语完成基本交际活动的过程中获得成就感，提高学习汉语的兴趣。

（二）教学环节

1. 热身活动

教师抛出问题——"现在几点"，并跟学生简单聊一聊作息习惯。学生可使用母语或媒介语，教师给出相关的汉语表达方式。

2. 词语教学

本课生词主要有：点、分、半、可以、起床、睡觉、饭店、菜、长城、事儿、差不多、刻、到、等、有空儿、电影、龙、听说、时候、出发。

在词语教学的过程中，教师对其中一些汉字的笔顺、部件、意义等做简单的讲解和提示，如：提醒学生"起"不是左右结构，第七笔应该长一些；告诉学生"睡"跟眼睛有关，所以是"目"字旁；解释一下"饭店"里"饭"和"店"的意思（实际上是语素教学）；等等。对一些重点汉字可带着学生一起写一遍。

教师把本课生词分为若干组，并结合已学词语，组织学生开展一些小对话，如：

（1）点、分、半、刻、时候

把上述生词的教学与时刻表达法的教学结合起来。

教师展示时钟上的不同时间，引导学生进行问答：

A：现在几点 / 现在什么时候？

B：现在三点 / 七点半 / 四点二十分 / 十二点三刻 /……

提醒学生在这些句子里不一定要用动词"是"，但否定的时候要说"不是"。

教师用汉语说出若干时刻，让学生用数字记录下来，看看记得对不对。

（2）起床、睡觉、差不多

在学生初步掌握时刻表达法的基础上，结合以上词语的教学，引导学生进行问答：

A：你（一般）几点起床 / 睡觉 / 吃早饭……？

B：我差不多……起床 / 睡觉 / 吃早饭……

（3）有空儿、事儿、电影

结合以上词语的教学，让学生学习下面的句子并进行问答练习，如：

A：你今天晚上有空儿吗？

B：我有空儿。什么事儿？

A：我们去看电影，怎么样？

B：好啊！

或者：

A：你今天晚上有空儿吗？

B：我没有空儿。

A：哦，没关系，那明天晚上呢？

B：……

（4）到、等

结合词语教学，让学生学习下面的句子并进行问答练习，如：

A：你什么时候到？

B：我……到。

A：好，我等你。

在学生练习的过程中，教师分别从上述（2）（3）（4）三组小对话中选取一两句典型的句子（都含有时间状语）写在黑板上，或打在屏幕上（最好用楷体）。

（5）长城、龙

结合图片讲练以上两个词，并用学生的母语或媒介语简明扼要地说明长城和龙在中华文化里的含义。

3. 语言点教学

本课语言点有两项：时刻表达法和时间状语。时刻表达法已经融入词语教学中，不必再重复；时间词语及其做状语时的位置，在前面的词语教学环节中学生已初步感知和运用，这里需要再进一步概括和强化一下：

教师让学生朗读黑板上或屏幕上的例句。

教师引导学生思考并概括这些例句的格式：Subject – Time – Verb。

教师提醒学生注意汉语里时间词语的顺序：从大到小。如：今天晚上七点半。

教师给出几组词语，让学生按正确的顺序组词成句。如：

没有　课　上午　明天　我们

去　看　电影　七点半　晚上　明天　我们

……

在练习过程中教师可结合具体例句提示：在陈述句中，时间状语有时候也可以在主语之前（Time – Subject – Verb）。

4. 课文教学

听第一段课文录音，回答理解性问题。

看第一段课文，学生分角色朗读，教师纠正学生的语音错误。

教师就课文具体内容跟学生进行互动交流，根据表达需要，教师可提供"时差""小时"等补充词语。

教师提供关键词和对话框架，让学生开展对话练习，然后指导学生概括对话的主要意思。

进行第二段和第三段课文的教学，过程与第一段大致相同。

5. 综合活动

学生进行角色扮演：邀请同学做某事（如一起去看电影），并约定时间。

（1）两人一组，进行准备。在准备过程中，教师给予必要的帮助，如根据表达需要提供"打球""喝咖啡""听音乐会"等补充词语。

（2）请几组同学上台表演。

（3）教师点评，纠正学生的错误。必要时可请某一组同学在教师点评后再上台表演一次。

6. 小结并布置作业

总结本课学习要点（重点词语和语言点）。

布置作业：通过电子邮件或利用社交平台邀请同学或朋友做某事，并约定时间。不会的汉字可以用拼音。完成后作为作业提交给老师。

（三）课例阐释

本课例适用于初级阶段的综合课。

本课例基本按照 PPP 模式设计。所谓 PPP 模式，指先教授新知（presentation），再进行操练（practice），最后是产出性活动（production）。但知识学习、语言操练和综合运用不是截然分割的，而往往是相互交织、交融进行的，并且在不同环节上可以循环进行。

在 PPP 模式下，词语、语言点、课文的教学顺序一般是"词语—语言点（语法点）—课文"，也可以采用"词语—课文—语言点（语法点）"的顺序，甚至是"课文—词语—语言点（语法点）"。本课例采用第一种顺序，但其中的词语教学和语言点教学有部分融合。

【附 课文】

（教师可根据具体情况给课文里的学生起一个合适的名字。）

（1）

（A、B、C 是大学生或社会人士，在各自的国家学习中文。他们报名参加了中国某大学举办的网络中文项目，该项目只在周末上课。项目开始前，老师跟学生们商量上课的时间。）

老　师：我们星期六下午一点半上课，可以吗？

学生 A：是北京时间下午一点半吗？

老　师：对，是北京时间。

学生 A：北京时间下午一点半是我们的早上六点半。没问题，我可以六点起床。

学生 B：老师，我们几点下课？

老　师：三点十分。

学生 B：北京时间下午三点是我们的晚上十一点。没问题，我十二点睡觉。

老　师：（对同学 C）XX，你呢？你可以吗？

学生 C：北京时间下午一点半是我们的中午十二点半。可以，没问题！

老　师：好，那我们星期六下午见！

（2）

（学生 A、B、C、D 是同学。）

学生 A：星期五我们一起去中国饭店吃晚饭，怎么样？

学生 B：好啊！我很喜欢吃中国菜。

学生C：我也是。

学生D：听说长城饭店的中国菜很好吃。

学生B：那我们就去长城饭店吧。

学生A：好，晚上六点怎么样？

学生C：六点太早了，七点吧。

学生B：可以。

学生A：没问题！

学生D：我有点儿事儿，差不多七点一刻到。

学生C：没关系。我们等你。

学生A：好，那我们星期五晚上在长城饭店见！

（3）

（学生A和B在打电话。）

学生A：今天晚上有空儿吗？

学生B：有空儿。什么事儿？

学生A：我们去看电影怎么样？

学生B：好啊。什么电影？

学生A：电影的名字叫《龙人》，听说非常好看。

学生B：我们什么时候出发？

学生A：七点半的电影，我们六点四十分出发吧。

学生B：好的，我六点四十分在图书馆门口等你。

学生A：好，晚上见！

课例 2　听说课教学／任务型模式
来参加我们的合唱团吧

主题：大学生社团活动

难度：【初等】2～3 级

课时：4 课时

（一）教学目标

1. 掌握本课重点词语和格式：对……感兴趣、成立、合唱团、对……有帮助、可不是、跟……交朋友、社团、恐怕、安排、对了。

提高口头交际技能，学习和运用听力理解策略和口语表达策略，能通过语音、语调、语速的变化等辅助手段理解和获取主要信息，能运用恰当的语句或通过语音辅助手段表达赞同、表示犹豫、劝说别人，以及转换话题等。

2. 增进对中国音乐的了解，提高对中国音乐的兴趣。

3. 在理解和表达活动中自觉关注语言形式，学习语言知识。

4. 在课外活动和交际场合中根据需要主动运用汉语。提高参与大学社团活动的兴趣，并能有意识地在大学社团活动中融入汉语和中华文化元素。

（二）教学环节

1. 听前准备

教师引入"大学社团"话题，与学生交流：

我们大学有哪些学生社团？你对哪些社团感兴趣？你参加了什么社团？你觉得参加这些社团对你有什么帮助？……

我们大学有没有合唱团？你们想不想成立一个？

教师一边跟学生交流，一边把相关重点词语和格式板书在黑板上或呈现在屏幕上，并标注拼音，简单解释其意思。

2. 听力理解

教师简单介绍对话背景，如："下面我们来听一段对话，对话里有两位同学，他们在谈参加合唱团的事儿。"

让学生看下面的问题，然后带着问题听录音。这几个问题聚焦于对话大意，如：

同学 B 唱中国歌唱得怎么样？为什么？

同学 A 想请 B 干什么？B 答应了吗？

……

学生听完一遍录音后回答问题，教师给出正确答案并稍做解释，必要时可给学生介绍一下相关理解策略（如如何概括要点）。

让学生看下面的问题，然后听第二遍录音。这些问题聚焦于对话内容的细节方面，有的需要根据说话人的口气来推测其态度，如：

参加合唱团有哪些好处？

你觉得 B 会参加合唱团吗？为什么？

A 说"哪国的歌就用哪国语言唱"，这句话是什么意思？

……

学生听完第二遍录音后回答问题，教师给出正确答案并稍做解释，必要时可给学生介绍一下相关理解策略（如如何根据说话人的口气推测态度和言外之意，如何根据语境猜测词语或句子的意思）。

3. 形式聚焦

让学生再听一遍录音，一边听一边根据录音填空（可以写拼音），如：

我 ＿＿＿＿ 各国的歌都很 ＿＿＿＿。

那 ＿＿＿＿ 学习不同的语言和文化很 ＿＿＿＿ 啊！

还可以 ＿＿＿＿ 不同国家的同学 ＿＿＿＿ 呢。

＿＿＿＿ 你能参加，＿＿＿＿ 太好了。

教师给出答案并简单解释。

教师向学生展示录音文本，让学生一边看文本一边听录音。教师对录音文本中的一些口语表达格式做简明扼要的讲解（必要时可适当使用媒介语或学生的母语），并举一两个例子，如：

可不是：表示对对方的说法高度赞同，用于口语，如：

A：这首歌非常好听。

B：可不是，这是今年最流行的歌。

对了：表示突然想起某事，常用来转换话题，用于口语，如：

……哦，对了，我还有件事想麻烦你。

4. 口语活动

教师布置任务：

我们在录音里听到，A请B问问他的同学或朋友有没有兴趣参加合唱团，B答应了。那么，B会怎么问他的同学或朋友呢？请扮演B和他的同学或朋友，表演一段对话。

教师先组织全班讨论：

B在问他的同学或朋友时，应该表达哪些内容？（如：应该对这个合唱团有一个简单的介绍，应该说明学习各国歌曲的好处。）

B的同学或朋友如果有兴趣，会怎么说？如果他没有兴趣呢？如果他有兴趣但没有时间呢？

讨论时可以适当使用媒介语或学生的母语。教师把重点词语和格式写在黑板上或打在屏幕上（必要时标注拼音）。

学生两人一组，练习对话。

教师选择若干小组上台表演。

学生上台表演后，教师简单讲评，对典型错误进行纠正和讲解。

必要时教师可在讲评后请一两个小组再次上台表演。

5. 小结并布置作业

教师总结本课内容（重点词语和格式，表达赞同、表示犹豫、劝说别人时的语气）。

教师布置作业：两人一组，完成上述角色扮演任务并录音，提交音频材料。

（三）课例阐释

听说技能是语言综合运用能力的重要内容之一，听说技能培养是综合课教学的有机组成部分，也可以设立相对独立的听力课和口语课来分别强化听和说的技能，还可以把听和说的教学有机联结和融合起来，设立听说课来进行听说一体化教学。本课例就是基于初级阶段听说一体化教学的理念设计的。

在听说一体化教学模式中，一方面，要在听力活动中注意培养学生的听力理解策略和技能，并引导学生自觉关注听力材料中的语言形式，为口语表达打好基础；另一方面，要在口语活动中引导学生积极运用从听力材料中学到的语言知识和表达技能，强化对于输入材料的习得。

听力教学一般可分为听前、听中和听后三个环节，口语教学一般包括语言准备、任务实施和任务反馈环节。本课例中的"形式聚焦"环节既是听力教学的"听后"环节，同时也起到了口语教学"语言准备"环节的作用。

【附　听力文本】

（各国中文教师可根据具体情况给课文里的学生起一个合适的名字。）

（A 和 B 在 X 国上大学，B 来自中国。）

A：听说你会唱很多中国歌？

B：那当然，我是中国人嘛。我 X 国歌也唱得很好啊。我对各国的歌都很感兴趣。

A：我们成立了一个合唱团，你有兴趣参加吗？

B：合唱团？挺有意思啊！你们唱哪些国家的歌呢？

A：各国歌都唱。哪国的歌就用哪国语言唱。

B：那对学习不同的语言和文化很有帮助啊！

A：可不是。还可以跟不同国家的同学交朋友呢。怎么样？来参加吧！

B：可是我已经参加了两个社团，恐怕没有时间了。你们一般在什么时候活动？

A：每周六下午。

B：哎呀，周六下午我已经有安排了。

A：那个安排还能换时间吗？如果你能参加，那就太好了。

B：嗯……我再想想吧。

A：对了，你的同学或朋友有没有兴趣参加？能不能帮我问问？

B：没问题！我想一定会有人感兴趣的。

课例3　商务中文教学／任务型教学

确定面试名单

主题：招聘公司经理

难度：【中等】4～5级

课时：4课时

（一）教学目标

1. 掌握本课重点词语的意义和用法，特别是有关市场营销和人事招聘的词语，如：招聘、面试、营销、学历、对口、沟通、团队、是否、产品、模式、踏实、销售、业务、证书、良好、善于、担任。掌握表示比较和取舍的表达方式，如：与A相比，B更……；A虽然……，但是……；在A和B中，我选择……。掌握关于个人基本信息和经历的表达方式。会使用常见的中文办公软件。

2. 初步了解企业招聘的基本流程以及有关企业文化。

3. 能比较熟练地运用多种阅读策略，能根据自己未来从事的职业需求主动学习相关领域的词语和表达方式。

4. 把汉语学习与职业需求联系起来，强化学习动机。

（二）教学环节

1. 热身活动

教师根据班里学生的实际情况，问学生：毕业后是否有去某些公司应聘与中国业务相关职位的打算？想去什么样的公司？

2. 确定目标

引入主题：向学生展示一些中国人做运动的图片或视频（突出运动器材），问学生是否了解中国的体育器材市场。

向学生明确任务目标：某主要经营运动器材的跨国公司在中国开设了分公司，为了进一步开发中国市场，中国分公司打算招聘一名营销部经理。下面是六份应聘材料。公司人事部门打算先根据这些材料选择三名应聘者参加面试，现在需要讨论确定面试名单。如果你是人事部门的负责人，你将如何选择？

3. 任务 1

列出招聘营销部经理应该重点考察的因素。教师提供关键词语，如：

国籍、学历、专业、工作经验、经历、管理能力、沟通能力

是否、适应、对口、丰富、具有……的经历、有较强的……能力

先让学生熟悉上述词语，并根据需要进行补充，教师对学生不认识的词语进行解释。

学生分组讨论，列出若干因素，并讨论确定其中最重要的三个因素。各组派代表向全班汇报。

教师从语言和内容两方面进行讲评，组织全班简单讨论并基本形成一致意见。

4. 任务 2

阅读应聘材料，提取材料要点，制作一份应聘者信息一览表。学生阅读六份应聘材料的摘要。这些材料附有关键词的拼音和意义解释，但对一些不影响整体理解的难词不提供解释。

教师针对每份应聘材料的内容与学生进行简单交流，在问答过程中进一步帮助学生学习相关词语，同时对于阅读理解策略（如跳跃障碍、猜测词语等）进行指导。

教师指导学生讨论确定应聘者信息一览表的具体栏目。栏目的确定可参考"任务1"的讨论结果。

确定表格具体栏目后，学生分组制作应聘者信息一览表（可作为课外作业），并在课上向全班展示。教师从语言和内容两方面进行讲评，学生根据讲评修改表格。

5. 任务 3

学生讨论并确定面试名单。教师先让学生熟悉一下可能要用到的表达形式，如：

与 A 相比，B 更……；A 虽然……，但是……；在 A 和 B 中，我选择……

学生分组讨论。依据应聘者信息一览表中的信息要点形成本组意见，必要时可再查阅应聘材料原文。

各组派代表向全班汇报本组的讨论结果，并说明理由。汇报后回答其他组同学的问题。

教师从语言和内容两方面进行讲评。

6. 拓展任务

教师组织学生讨论：这六份应聘材料哪一份写得最好？哪一份写得最差？为什么？关于应聘材料，你可以给这六位应聘者哪些建议？

7. 小结并布置作业

教师指导学生反思本课的学习收获和不足，把具体收获（如学到了哪些新词语和新格式）写在本子上。

作业：各组成员分工合作，形成一份书面报告，报告应包括面试名单以及关于面试名单的说明。

（三）课例阐释

本课例属于商务中文教学范畴，依据专门用途语言教学理论设计。专门用途中文教学包括职业用途中文教学和学术用途中文教学两大类，本课例属于前者。本课例以将来有意从事商务中文活动的大学生为教学对象，如对设计略加调整，也可用于面向企业中层管理人员的商务中文课程。

本课例采用任务型教学（Task-based Instruction）模式。任务型教学的核心理念是"做中学"，主张在以内容为中心的前提下适度兼顾语言形式。对任务完成质量的评估同样应兼顾内容和语言两个方面。本课例提供的应聘材料是完成任务的重要基础，但不是传统意义上的课文，对于其中的词语和表达方式，不必要求全部理解和掌握。

本课例以任务为基本教学单位，主要教学环节包括任务前（任务准备）、任务中（任务实施）和任务后（任务反馈）。本课例的任务目标是确定面试名单，但在教学过程中可具体分解为若干个小任务，每个小任务均包含任务准备阶段、任务实施阶段、任务反馈阶段（准备阶段和反馈阶段可根据情况适当简化）。

【附 应聘材料（摘要）】

（下面的材料中隐去了具体的国名、大学名称和公司名称，教师在实际教学中可根据情况加以补充。）

【简历 1】

女，32 岁，X 国人。在 X 国一家公司担任过五年营销部经理。一年前来中国留学，目前在 XX 大学学习汉语，是大学学生会体育部副部长，业余时间经营一家网店，主要从事中 X 两国之间的服装贸易。汉语流利，有 HSK4 级证书。

【简历 2】

女，1974 年出生，来自四川。中国 XX 财经大学会计专业本科毕业，XX 大学管理学硕士。先后服务于 XX、YY 等著名企业，长期负责市场开发工作，工作业绩突出，得到公司的高度认可，有丰富的工作经验和市场资源。

【简历 3】

男，30 岁，北京人，计算机专业本科毕业，后赴 X 国留学，获 XX 大学工商管理硕士学位。毕业后加盟 XX 公司，负责亚太地区产品开发。去年回国工作。熟悉国际市场和国际大公司管理模式。

【简历 4】

X 国人，毕业于 X 国 XX 大学经济学专业，已在中国生活五年以上，目前在 X 公司北京办事处工作。汉语流利，有 HSK6 级证书，能熟练使用常见中文办公软件，业余时间爱好运动，爱交朋友，有较强的团队意识和创新精神。

【简历 5】

男，45 岁，上海人，大学中文系毕业。长期担任某食品厂业务科科长，工作踏实，成绩显著。担任科长期间，跟各地大型商场建立了合作关系，设立了专卖柜台，大大提高了产品的知名度。制定了一套有效的管理制度和奖励措施，极大地调动了销售人员的积极性。销售额每年均保持 20% 以上的增长。

【简历 6】

男，23 岁，籍贯广东。中国 XX 大学管理学院市场营销专业毕业，本科学历。在校期间担任学生会体育部长，组织过各类体育比赛，并积极参与志愿者活动。熟练掌握英语，持有英语 6 级证书。曾在 XX 集团上海分公司公关部实习，获得部长好评。具有良好的团队合作精神，善于与人沟通。

课例4　内容型教学/混合式教学

中国古典园林

主题：中国园林文化

难度：【中等】5～6级

课时：4课时

（一）教学目标

1. 掌握本课重点词语，特别是与中国古典园林密切相关的词语，如：园林、建筑、皇家、私家、古典、精巧、建造、模仿、融合、诗情画意、意味、风光、师法自然、融于自然、一步一景、以小见大。了解汉语书面语体的一些特点，学习本课文言词，如：其、于。能运用本课重点词语和表达格式与同学口头讨论中国古典园林的特点，并比较中外园林的异同。能写一篇关于中国古典园林特色的短文。口头和书面表达能做到观点比较明确，表达比较清楚，语言比较流畅。

2. 了解中国古典园林的特色及其文化内涵，对于中外园林的异同有初步认识。

3. 初步具有围绕主题搜索和处理中文资料的能力，能比较熟练地运用多种阅读策略理解真实语料。

4. 把语言学习和文化学习结合起来，进一步提升对汉语和中国园林文化的学习兴趣。

（二）教学环节

本课包括学生自主学习和课堂活动两个阶段。学生自主学习时间为2课时，课堂活动为2课时。

1. 学生自主学习阶段

（1）学生按照要求自行安排时间阅读教材，在学习平台上观看慕课，完成平台上的习题，在平台上开展小组讨论。

慕课内容包括：中国古典园林简介、重点词语和语言点讲解、习题等。

本课重点词语有：园林、建筑、皇家、私家、古典、精巧、建造、模仿、融合、诗情画意、意味、风光、师法自然、融于自然、一步一景、以小见大。

语言点主要讲解汉语书面语体特点以及本课用到的一些文言词，如：其、于。

习题覆盖内容和语言两个方面。内容方面的习题如：

【判断题】我们今天看到的中国古典园林，大多是唐宋时期的。（对　错）

【填空题】中国的园林建筑，可以分为 ＿＿＿＿＿＿ 园林和 ＿＿＿＿＿＿ 园林两类。

【选择题】在中国文化中，"＿＿＿＿＿＿"合称"岁寒三友"。

A. 松、竹、梅　　　B. 松、梅、菊　　　C. 梅、兰、菊

语言方面的习题如：

【词语连线】产生　　　自然环境

　　　　　　体现　　　独特效果

　　　　　　模仿　　　传统文化

【选择恰当的解释】"师法自然，融于自然"的意思是：

A. 有点儿像自然，但不完全一样

B. 向自然学习，融合在自然中

C. 模仿自然，但比自然更漂亮

各组搜集有关中国古典园林的中外文资料，在组长的主持下展开讨论。

教师安排固定的答疑时间，帮助学生解决疑难问题。

（2）各组代表整理小组讨论内容，准备好发言稿和演示文稿（PPT）。相关要求教师须在课程第一天明确告知学生。学生应提前两天把发言稿和演示文稿发给教师，并根据教师的意见进行修改。

2. 课堂活动阶段

教师就本课内容提问，检查学生自学情况，如：

中国古典园林有哪两类？

中国古典园林的主要特点有哪些？

教师展示若干有代表性的中国园林的图片（如北京颐和园、苏州拙政园），或播放几个视频，跟学生一起进一步分析中国古典园林的特点。

每组学生派一名代表做主题发言。学生发言时应做到声音洪亮，语音比较标准，语言表达正确、规范，观点明确，内容充实，条理清晰。发言时间 5 分钟左右。演示文稿应形式简洁、清楚，重点突出，与发言内容有机配合。

其他组同学对发言人提问，发言人回答。

教师点评。

3. 小结并布置作业

教师总结本课内容（中国古典园林的特色、重点词语和表达格式）。

作业：在学习课文的基础上，参考中外文资料，写一篇 800 字左右的短文，介绍中国园林的特点，并联系本国或其他国家的园林进行比较。

（三）课例阐释

本课例主要体现内容型教学（Content-based Instruction）或内容与语言融合式学习（Content and Language Integrated Learning）的理念，即把语言教学与某一领域专门知识的教学结合起来。语言与内容二者可以是并重的，也可以有所侧重。本课在内容上聚焦中国文化主题之一——中国古典园林。

由于要兼顾专题内容，难免会出现一些高等或超纲词语。在教学中可把语言教学的重点放在与主题内容密切相关的重点词语和表达格式上，适当采用精泛结合的策略。例如，本课课文中出现的不少植物名称，不一定要求学生全部掌握。另外，还可以引导学生利用语素猜测和理解词义。教学中不必局限于文本中的内容，可适当引导学生搜集自己感兴趣的资料，这样既有助于扩大学生的知识范围，同时也有助于提高其中文水平。

本课例采用混合式教学模式，包括学生自主学习和课堂活动两个阶段。本课例预设该课程已经建立完整的慕课课程并已在学习平台上线。为保证混合式教学取得成功，教师应加强对学生自主学习阶段的指导和监控，切实为课堂活动打好基础。

【附　课文】

中国的园林建筑可以分为皇家园林和私家园林两类。我们今天看到的中国古典园林，大多是明清时期的。北方的皇家园林，规模较大，真山真水较多，北京的颐和园是其代表；南方的私家园林，规模较小，设计精巧，苏州园林是其代表，如苏州的拙政园、留园等。

中国古典园林不但代表了中国传统建筑艺术的成就，也体现了中国的传统文化，其特点是师法自然，融于自然。古人在设计和建造园林的时候，主张模仿自然，和环境相融合。

园林首先要有山有水。山有真山和假山，私家园林的山一般都是假山，是用石块堆成的，形状独特。水里有鱼，有荷花，有水草，产生一种动静结合的效果。

园林里必有花草树木。在中国文化中，"松、竹、梅"合称"岁寒三友"，"梅兰竹菊"合称"四君子"，都是中国人十分喜爱的植物，当然也是园林里常见的。除了松树、竹子、梅花、兰花、菊花以外，园林里常见的花还有牡丹花、百合花、茉莉花等，常见的树还有桃树、李树、柳树、银杏树、枫树、桂树等。这些花草树木使园林一年四季都充满诗情画意。

私家园林的规模一般都不大，但是因为里面的山水、植物和建筑布置得很精巧，产生一步一景、以小见大的效果，让人感觉很有意味。

中国的古典园林不仅善于造景，而且还善于借景，就是借用园林周围的山水风光，使园林跟周围环境融为一体，让人感觉园林变大了。

现在，这些古典园林不仅是游客必去的景点，也是老人和孩子的乐园，是人们休息和放松的好去处。人们可以在小亭子里喝喝茶、下下棋、聊聊天儿，在湖边跳跳舞。老人在树下打打拳，孩子们在草地上踢踢球。这些来游玩和休息的人们，也成了园林风景的一部分。

课例 5　项目式教学

中国养老方式调查与分析

主题：老龄化和养老问题

难度：【高等】7～8 级

课时：约 16 课时（不包括检索文献、开展调研、撰写报告等课外活动的时间）

（一）教学目标

1. 在完成项目的过程中学习、掌握相关中文词语和语法知识，提升中文听、说、读、写、译各项技能，了解中文学术规范，具有运用中文开展学术研究的能力。

2. 了解中国尊老敬老的文化传统，以及中国社会人口结构现状和主要养老模式，并与本国或其他国家的情况进行比较，探讨相互借鉴的可能性。

3. 综合运用不同学科领域的基本知识，对社会问题提出自己的看法。掌握一定的项目设计和实施能力，以及一定的学术研究能力。

4. 对多元文化持开放包容的态度，具有良好的团队合作精神。享受使用中文进行创造性活动的乐趣，以及文化交流带来的成就感。

（二）教学环节

1. 热身活动

教师展示一些中国老人活动的照片，如在公园打拳、在湖边跳舞、在家里与儿孙在一起、在医院接受治疗等，问一问学生：中国有多少人口？其中六十岁以上的老人占多少？中国老人的生活方式一般是怎样的？

2. 确定项目

首先，教师展示相关材料，说明项目背景和目标：中国从 21 世纪初开始进入老龄社会。中国人的养老观念和方式体现了中国的传统文化，并随着时代的发展而发展，对于世界其他国家也具有一定的借鉴意义。因此，有必要对中国人的养老方式进行比较全面的研究。

其次，教师与学生一起讨论项目的主要内容和目标。主要内容可包括：

（1）了解中国社会的老龄化程度和发展趋势。

（2）了解中国的传统养老方式以及当代的发展变化。

（3）了解中国政府和社会各界在赡养、关爱和服务老人方面的举措，老年人自身的意愿，其家人的想法，等等。

（4）分析中国人的尊老观念和养老方式与学生所在国（或其他国家）有何异同，相互应如何借鉴。

项目的最终目标：每组形成一个综合报告，在班级内部交流。

再次，教师与学生一起讨论项目的实施路径。

（1）资料收集和分析：检索文献资料，收集相关数据，综合分析中国人的尊老观念和传统养老模式、中国人口结构现状和养老模式的发展变化、养老服务的政策支持情况等，并与学生所在国（或其他国家）同类数据进行对比分析。

（2）社会调研：通过问卷调查和个别访谈，了解中国和学生所在国（或其他国家）老年人的养老意愿及其家人的有关想法，对调研结果进行对比分析。

（3）集体讨论：提出关于中国和学生所在国（或其他国家）养老方式的建议。

（4）写出综合报告。

然后，教师提供一篇同主题的学术论文作为范本，对其中的关键词语、语篇结构等进行讲解并组织学生讨论，要求学生课后进一步仔细阅读。

最后，教师与学生一起确定分组方式与任务分工，制订完成项目的时间表。

3. 项目实施

步骤一：资料检索和综述

教师在课堂上指导学生搜索和整理中外文相关文献资料，带领学生学习几篇综述范本，并明确下一步各小组的具体任务。

学生在课外检索中文学术著作、论文、政府公开文件，浏览中国中央政府和地方政府网站，参考其他语言文本的相关文献资料，了解中国当前人口结构的相关数据、中国的传统尊老观念、传统养老模式和新模式的探索实践、中国当前的养老服务体系及相关政策。

学生在课外检索文献资料，了解所在国（或其他国家）的养老观念、人口结构和养老模式等情况，将要点翻译成中文。

综合上述资料，小组成员分工合作，将相关数据制成图表，对两国的养老观念、人口结构现状和养老服务现状进行概括和对比分析，写出综述。综述中引用其他语言文本的相关资料时，要注意翻译的准确性。

在上述活动过程中，教师全程予以指导。

各组在课堂上汇报各自的综述报告，小组间互相提出修改建议，教师进行讲评。

步骤二：调研和数据处理

教师在课堂上指导学生根据研究目标和研究条件确定调研对象（调研对象分为中国的老人及其家人、学生所在国／其他国家的老人及其家人），并提供几份调查问卷和采访提纲范本，指导学生设计调查问卷和采访提纲、处理调研数据。

学生以小组为单位讨论、设计调查问卷，得到教师确认后，开展问卷调查。学生可通过校际交流或网友访谈，利用网络社交平台等途径，对中国的老人及其家人进行在线调研。对所在国的调研可采用线上和线下两种方式。

各组学生处理问卷数据，并在问卷调查的基础上，选择访谈对象，拟定访谈提纲，在得到教师确认以后，进行个别访谈。

各组综合整理问卷调查和个别访谈的数据，进行梳理和分析，得出主要结论，写出调研报告。

各组在课堂上汇报各自的调研报告，小组间互相提出修改建议，教师进行讲评。

步骤三：讨论和综合分析

各组在组长的主持下开展讨论：（1）根据中国和所在国（或其他国家）的调研结果，分别对两国养老服务的现状、成就、不足等进行分析和比较。（2）对比分析两国的养老观念、政策、条件、方式等方面的差异，探讨相互之间有何可借鉴之处。

各组在课堂上汇报各自的讨论结果，小组间互相提出修改建议，教师进行讲评。

步骤四：撰写和提交综合报告

各组综合上述材料，用中文写出综合报告。要求：格式正确，论证合理，结论明确，语言流畅，写作规范，结构完整。要有提要、关键词、参考文献。

各组提交报告。

4. 项目总结

教师在评阅各组综合报告的基础上，在课堂上对项目完成情况进行讲评。学生对自己的收获和不足进行总结和反思。

（三）课例阐释

本课例基于项目式学习（Project-based Learning）的理念设计。该项目是问题导向的，有明确的产品目标，整个项目持续时间较长，由若干子任务构成。开展该项目的过程是一个综合性的中文学习过程，更是学术中文能力的提升过程。

本课例设计的内容比较复杂，在教学中可根据实际情况加以精简和调整。本课例中的项目内容和实施途径，严格地说应该是在师生共同讨论后确定的，课例中的描述只是基于对通常情况下的内容及相应途径的预估。本项目实施过程中学生在中文技能和中文学术技能方面的具体收获，取决于项目内容的广度和深度；项目的完成质量受制于学生的中文水平和综合能力。

项目的目标产品固然是驱动学生学习和探究的关键动力，但作为一个中文教学活动，该项目的根本价值在于学生参与项目的过程本身。教师需根据学生的中文水平和项目的实施条件等实际情况提出切实可行的要求，在活动过程中注意激发和尊重学生的自主性和创造性，并给予具体帮助和指导。

教师在项目开始前须明确宣布对本项目实施过程中学生表现的评价标准，注意体现教师评价、同伴评价和学生自我评价三者的结合。

二、常见评价样表示例

1. 任务式作业评价样表（以中等 4 级水平为例）

任务式作业"家乡特产宣传册"评价表 [①]

姓名：	情境：你们在当地政府部门工作，计划将本土的特产推向中国市场。你们需要选择一款在中国最有市场的家乡特产（类型不限，食物、工艺品、传统服饰等均可），为其录制三分钟左右的宣传短片，并制作不少于 3 页的中文宣传册。最具吸引力的宣传短片和宣传册将被发送给中国主要的电子商务网站，以寻求合作。			
任务目标： 1. 能正确使用一些复杂的句式和语法，如"既……，又 / 也……""首先……，其次……"等。 2. 能流利地用中文介绍家乡特产。 3. 能设计图文并茂的中文宣传册。 4. 能准确地向大家介绍宣传册的设计理念和特色。	任务要求： 1. 将该产品的特点、价格、品牌、相关的售后服务等内容整理成 500 字以上的文字稿。 2. 分析该产品在中国市场的竞争力。 3. 从品牌形象、宣传文案、产品简介、目标受众等角度，向大家介绍宣传片的特色。 4. 推荐自己的宣传册，陈述时需包括限制性词汇或描述性词汇（"格外 / 极 / 独特 / 鲜明"等），让介绍更有说服力。			
评价标准	天才 A+、A	大师 B	工匠 C	学徒 D、E
下画线部分评价主体是个人，无下画线部分评价主体是小组。二者各占一半成绩。				
任务实施 / 时间利用 10%	合理利用课内外时间。无须老师提醒，能一直把注意力集中到完成任务上。	合理利用课内外时间。大部分时间能集中注意力完成任务，偶尔需老师提醒。	较合理地利用了课内外时间。注意力能勉强集中在任务上，但易分散，需老师多加提醒。	无法有效利用课内外时间，注意力无法集中，需老师不断提醒。
任务实施 / 分工安排 10%	分工明确，工作分配公平合理。	分工较明确，工作量不太平均。	分工还算明确，工作量很不平均。	分工不明确导致任务重复，工作量严重不均。

[①]　表格内容可按需翻译成学习者的母语。

任务实施	合作技能 5%		能用中文介绍自己的想法，总是能就他人的看法提供反馈。	基本能用中文介绍自己的想法，大部分时间能就他人的看法提供反馈。	能用中文介绍自己的想法，但总体上较简单，偶尔能就他人的看法提供反馈。	能用少量简单的词汇、短语说出自己的想法，无法就他人的看法提供反馈。
	语言内容 25%		1. 包含了要求中的所有信息。 2. 句子完整，包含多种复杂句式、语法。 3. 文字部分基本正确，无明显错误。	1. 包含了要求中的所有信息。 2. 句子较完整，使用了 2～3 个复杂句式。 3. 文字部分有一些明显的错误。	1. 包含了要求中的大部分信息。 2. 句子较完整，但句式单一，无复杂句式。 3. 文字部分错误较多。	1. 包含了要求中的一些信息。 2. 无整句，只使用了词汇或短语。 3. 文字部分错误很多。
	图文视觉 10%		图文排版合理，创意十足，有吸引力。	图文排版较合理，有一定的创意和吸引力。	图文比例不协调，吸引力和创意一般。	仅有图片或仅有文字，总体上没有吸引力。
	表达演示 35%	小组 5%	条理清晰，连贯性强。	连贯性较强。	连贯性一般。	基本没有连贯性。
		个人 30%	1. 始终使用中文，句子完整，句式多样，交流中基本没有错误。 2. 流利地介绍了设计理念和特色。	1. 始终使用中文，大多数句子完整，使用了 2～3 个复杂句式。 2. 较为流利地介绍了设计理念和特色。	1. 大部分时间使用中文，句子较完整，偶尔使用短语或词汇，句式单一。 2. 结结巴巴地介绍了设计理念和特色。	1. 不能连贯地说出句子，主要使用不成句的汉语短语或词汇。 2. 无法顺利介绍设计理念和特色。
任务反思 5%			能准确总结自己在完成任务中的优缺点，并据此制订有针对性的中文学习计划。	能总结自己在完成任务中的优缺点，但制订的学习计划针对性较差。	仅能总结自己在完成任务中的部分优缺点，制订的学习计划比较简略。	基本无法独立总结自己在完成任务中的优缺点，制订的学习计划指导意义较弱。
分数：		最终评级	天才 A⁺ □ 工匠 C □	天才 A □ 学徒 D □	大师 B □ 学徒 E □	
评语						

2. 项目式作业评价样表（以高等 7~9 级水平为例）

项目探究"科技与伦理"评价表 [①]

小组成员：	具体分工：

驱动问题：如何面对科技发展带来的伦理挑战？

项目目标：本项目鼓励学习者从自身科技体验入手，通过对科研工作者等相关人员的采访，探究现阶段科技发展的边界及其带来的伦理问题和可能的应对方案。本项目旨在帮助学习者加深对高等 7～9 级"自然与科技"话题的理解，提高中文综合运用能力、学习和思辨能力、运用中文进行研究的能力，同时提升人文素养。

完成项目所需掌握的主要话题内容（高等 7～9 级）：

（1）环境伦理：动物权利、生物平等、生态保护、可持续发展等。

（2）网络伦理：资源共享与知识产权、大数据与隐私权、虚拟世界与现实、算法与信息茧房、网络媒体与其他媒体、电子商务与实体经济、数字鸿沟、人工智能等。

（3）生命伦理：生命与遗传，如基因编辑、克隆人、人工授精、试管婴儿、器官移植等；生命与死亡，如安乐死；生命权，如避孕、堕胎权等。

完成项目需要的语言知识和能力：

（1）语言知识：掌握高等 7～9 级"自然与科技"话题相关的词汇、语法等。

（2）语言能力：能介绍问题的意义，使用多种资源识别和评价相关证据；分析、关联和综合各类证据来组织具有连贯性的话语表达；基于证据形成论点，得出令人信服的结论。

（3）学习和思辨能力：运用多种学习策略，利用各类学习资源，有效促进中文学习。通过中文获取知识和信息，开展深层次思考，不断提升理解、概括、分析、比较、推断、批判、评价、创造等思维能力。

（4）文化能力：了解所在地区对待科技伦理的态度及相关规章制度，审视所在地区在全球科技伦理领域的地位；改善周边文化，令其更好地促进所有个体发展。

[①] 表格内容可按需翻译成学习者的母语。教师可根据教学需求选取"高等 7～9 级"中部分或全部话题进行项目式探究。

项目预期成果

个人作品：个人对"科技与伦理"相关话题的思考和分析（小论文）。

团队作品：（1）"科技与伦理大家谈"系列播客或视频（音、视频形式）；

（2）"科技与伦理大家谈"系列访谈录（图文形式）。

评级标准参考：

A = 优异　B = 良好　C = 中等　D = 加油

阶段	具体活动	目标	评估结果
项目启动	（1）分组，收集并记录大家的问题； （2）确定真实开放、与学习目标一致、有吸引力的驱动问题。	激发学习者对探究话题的兴趣，培养其学习策略和交际策略等。	
前期准备	（1）查阅文献； （2）撰写访谈提纲初稿； （3）撰写受访者的邀请函。	使学习者熟悉该话题相关的中文知识，提高中文技能，并培养其利用资源的能力。	
探究预演	（1）同伴间模拟采访； （2）根据教师、同伴的反馈，确定访谈提纲终稿。	使学习者熟悉使用中文进行访谈的方法，提高相关中文知识和技能。	
实施探究	（1）展开实际访谈； （2）根据访谈内容调整项目细节，并制作项目探究作品。	使学习者在实践中加深对中文访谈方法的掌握，提高中文综合运用能力。	
作品展示	（1）展示团队项目探究作品； （2）回答其他同学对该话题的提问。	提高学习者语言理解、语言表达、人际沟通三项技能。	
项目反思	（1）反思项目实施过程中的亮点和不足； （2）为未来实施项目研究提出建议。	培养学习者元认知策略，提升其项目实践能力。	
总体评价	天才 A⁺□　天才 A□　大师 B□　工匠 C□　学徒 D□　学徒 E□		
	评语：		

3. 学习者中文听力 / 阅读课程自评表（适用于各等级）

中文听力 / 阅读课程自评表

听力材料 / 阅读文本类型：	记录人：	记录日期：
说明：请按照下面的评价标准为自己打分。 1 = 几乎完全不懂；2 = 只能理解很少的信息；3 = 理解一半左右的信息； 4 = 能理解大部分信息；5 = 差不多能完全理解		
我第一次听 / 读，理解	1 ☐　2 ☐　3 ☐　4 ☐　5 ☐	
我第二次听 / 读，理解	1 ☐　2 ☐　3 ☐　4 ☐　5 ☐	
我第三次听 / 读，理解	1 ☐　2 ☐　3 ☐　4 ☐　5 ☐	
我在本次听力 / 阅读活动中遇到的主要问题有	1. 听不出读的是哪个音节。如不知道读的是 jù 还是 qù。☐（限听力） 2. 分辨不出写的是哪个汉字。如分不清 "买、卖、读" 等。☐（限阅读） 3. 无法将听到的几个音节 / 读到的短语划分成词。☐ 4. 听到 / 读过的词语大多学过，但不能很快回想起它们的意思。☐ 5. 生词太多，听 / 读不懂。☐ 6. 听 / 读懂了词或词组的意思，但不理解其所组成的句子的意思。☐ 7. 其他问题。☐	
听力 / 阅读过程中，哪些词或词组是我理解全文时的最大障碍？		
我听后阅读文本时，是否仍然存在困难？（限听力）		
我在之后的听力 / 阅读练习中，需在哪方面改进？		

4. 中文课堂口头汇报同伴互评样表（以中等5级水平为例）

中文课堂口头汇报同伴互评表

汇报人：　　点评人： 主题：　　　日期：	备注：互评前，教师确保学生理解相关评价内容。1＝不合格，2＝合格，3＝中等，4＝良好，5＝优异。	具体案例 （可选填）
评分标准 · 话题 · 话题合适（适合听众语言水平、个人兴趣等）	1□ 2□ 3□ 4□ 5□	话题：
内容 · 内容容易了解，结构清楚，逻辑性强	1□ 2□ 3□ 4□ 5□	主要讲解了＿＿方面的内容
呈现 · 结合音视频或图片呈现，图文并茂，有吸引力	1□ 2□ 3□ 4□ 5□	优点：
呈现 · 合理分配时间，总时长符合要求	1□ 2□ 3□ 4□ 5□	时长：
语言使用 · 发音清楚，语音准确	1□ 2□ 3□ 4□ 5□	读错的字：
语言使用 · 语速不快不慢，表达流利自然	1□ 2□ 3□ 4□ 5□	不太流利的地方：
语言使用 · 使用了丰富的词汇、语法和句式	1□ 2□ 3□ 4□ 5□	比较复杂的语言：
语言使用 · 词汇、语法和句式等用法准确	1□ 2□ 3□ 4□ 5□	错词、错句：
举止 · 自信大方，不紧张	1□ 2□ 3□ 4□ 5□	如：
举止 · 基本脱稿（偶尔查看个人笔记）	1□ 2□ 3□ 4□ 5□	如：
举止 · 直视听众，与听众保持眼神接触	1□ 2□ 3□ 4□ 5□	如：
互动 · 与听众有非语言互动（如表情、手势等）	1□ 2□ 3□ 4□ 5□	如：
互动 · 与听众有语言互动（如邀请听众说话、鼓励听众回答问题等）	1□ 2□ 3□ 4□ 5□	如：
总结 请写2～3句话，作为你对本场口头汇报的评语		
你听完有什么收获？（比如学到的新词、口头汇报的小技巧或听完的感受等）		

5. 中文课堂写作课同伴互评样表（以中等 6 级水平为例）

写作课同伴互评表（也可用于自评）

	检查项目	初步判断	具体案例	其他建议
格式	作文有标题吗？	是 □ 否 □	标题：	
	每段开头空两格吗？	是 □ 否 □	不符合要求的段落：	
	标点符号使用正确吗？	是 □ 否 □	不符合要求的标点：	
结构	结构是否完整？包括开头、主体和结尾吗？	是 □ 否 □		
语言	词汇丰富吗？高级词汇比例高吗？	是 □ 否 □	高级词汇：	
	句式丰富，且具有一些复杂句式吗？	是 □ 否 □	复杂句式：	
	词汇、语法用法准确吗？	是 □ 否 □	用错的语法或词汇：	
	用来连接句子或段落的词语是否恰当？	是 □ 否 □	使用的连接词语：	
	汉字书写都正确吗？	是 □ 否 □	错别字：	
	语体合适、表达得体吗？	是 □ 否 □	书面语词： 口语词：	
内容	主题明确，且与题目要求相关吗？	是 □ 否 □	主题： 题目要求：	
	表达清晰、重点突出吗？	是 □ 否 □	重点：	
	内容充实吗？	是 □ 否 □	主要内容：	
评语	请对这篇作文的作者写 2～3 句话，作为这篇作文的评语。			
总结	通过读这篇作文，你有什么收获？比如学到的新词、写作方法或读完的感受。			
备注	在教师的指导下，一次可选择其中的一项或多项进行评价。			

6. 中文口语面谈评测与反馈样表（适用于各等级）

中文口语面谈评测与反馈表

时间：	学生：	教师：
完成的测试任务	朗读词语、句子或短文 □ 结构化口头表达测评□ 自由对话 □ 其他	
测试中表现出的 优势和特点	语音：	
	词汇：	
	语法：	
	其他：	
测试中表现出的 问题和不足	语音：	
	词汇：	
	语法：	
	其他：	
建议		
对应的标准化测试等级[①]		

[①] 此部分任教老师可根据所在国的标准化测试情况进行选填，如 YCT/OPI/GCSE/VCE 等。

7. 中文学习面谈评判样表（学习策略）（适用于各等级）

中文学习面谈评判表（学习策略）

说明：使用时，教师应根据学习者的中文水平调整句式和词汇，对于初级学习者可使用学生的母语提问。		
学生：	适合阶段：学期初或学期中	备注
热身	学习中文多长时间了？为什么学习？	
	学习中文容易吗？为什么？如果很难，难点是什么？	
	喜欢之前的中文课吗？对中文课上的哪些活动印象深刻？	
可选问题	如何学习词汇？（是否使用词卡？是否喜欢背生词？遇到生词会立刻查词典还是试着结合上下文猜测词义？等等。）	
	如何学习发音？（是否经常模仿中国人说话？是否主动请别人纠正自己的发音错误？等等。）	
	如何学习汉字？（书写汉字时，是否注意使用正确的笔顺？是否使用练习册或手机应用提高汉字书写能力？等等。）	
	如何学习语法？（是否喜欢系统的语法训练？是否尝试通过重复使用某个语法结构来掌握它们？等等。）	
	如何提升中文的综合运用能力？（是否经常用中文写作？是否提前准备口语课上的话题？等等。）	
	经常使用哪些中文学习资源？（是否经常使用词汇表或词典等辅助学习？是否经常接触中文电影、电视节目等真实语料？等等。）	
	如何克服困难？（听不懂或一时想不起如何表达时，是否会向对方求助？是否经常使用翻译软件？）	
	使用哪些元认知策略？（是否主动制订学习计划、反思学习进展？是否定期检查并分析自己的学习成果？等等。）	
收尾	现阶段学习中文的优势和劣势有哪些？	
	对未来的中文课有哪些期待和建议？	

8. 中文课程档案袋目录

8-1：中文课程档案袋目录

学生：	学年：			中文教师：	
序号	入档日期	项目		放入者	入选理由
1	XXXX.X.X	学习者中文学习情况调查表		学生	学习者学习需求
2	XXXX.X.X	学习者中文课堂行为观察表		教师	学习者课堂表现
3	XXXX.X.X	课堂作品：小作文《我的家乡》		学生	课堂学习成果
4	XXXX.X.X	探究学习中的作品	课后作品：视频《我最喜欢的城市》	文字稿	学生	学习者单独探究学习的过程及中文进步的轨迹
	XXXX.X.X			教师评语		
	XXXX.X.X			视频初稿		
	XXXX.X.X			同伴评语		
	XXXX.X.X			视频终稿		
	XXXX.X.X			反思		
5	XXXX.X.X		结业小组作品：学期项目研究成果，如小论文、系列访谈或书面报告等。	初稿	学生	学习者协同合作探究学习的过程及中文进步的轨迹
	XXXX.X.X			教师评语		
	XXXX.X.X			修改稿		
	XXXX.X.X			同伴评语		
	XXXX.X.X			终稿		
	XXXX.X.X			反思		
6	XXXX.X.X	其他	自选中文课作品1		学生	使档案袋更加个性化
	XXXX.X.X		自选中文课作品2			
	XXXX.X.X		自选中文课作品3			
7	XXXX.X.X	教师反馈		教师	教师对中文课和学生的看法
8	XXXX.X.X	课程内外所获得的奖项		学生	对学生中文能力的补充证明
9	XXXX.X.X	期末自我评价		学生	自我评估本学年中文学习情况
10	XXXX.X.X	课程最终反思		学生	总结优缺点，规划未来的学习
小结	我的档案袋共包括_____个文件。 它的亮点是：_____ 可提高的部分为：_____				
其他：_____					

8-2：中文课程学习者档案袋评价细则

档案袋的评价可分为两步：首先，检查档案袋内容是否达标（是否包含所需作品、作品内容是否符合要求等）；在此基础上，为档案内容进行评级。

档案袋等级可分为4个层次：1. 优秀；2. 良好；3. 加油；4. 改进。

教师可如实为每项打分，也可用于学生自评或互评。

	评估重点		达标与否	评级
内容	学习动机	分享了中文学习经历，设定了合适的中文学习计划和目标	是 □　否 □	
	学习成果	至少包含2～3个学习成果，作品在显示学生中文水平的进步方面有说服力	是 □　否 □	
	学习过程	至少1个作品清晰地展示了学习者中文进步的轨迹	是 □　否 □	
	语言实践	展示了学习者将所学语言知识技能应用于实践的能力	是 □　否 □	
	学习反思	呈现了学习者不断自我评估与反思的学习态度	是 □　否 □	
形式	档案齐全，无缺失文件	如有缺失文档，请列出：	是 □　否 □	
	所有档案格式正确	如有文档格式错误，请列出：	是 □　否 □	
	所有档案符合作业要求	如有文档不符合要求，请列出：	是 □　否 □	
过程	收集过程条理清楚，未出现错误		是 □　否 □	
	作者非常用心地完成了所有材料的收集		是 □　否 □	
整体	语言面貌较好		是 □　否 □	
	内容有创意		是 □　否 □	
评语				
总结	该档案袋的最终评级为：□ 优秀 □ 良好 □ 加油 □ 改进。 该档案袋的亮点是：_____ 可提高的部分为：_____			
其他				

9. 中文课程学业成绩通知单（以初等 2 级水平为例）

中文课程学业成绩通知单

说明：学习结果分为五个等级（5 优异；4 良好；3 及格；2 有待提升；1 不够努力）。

学年：　　　　　中文教师：　　　　　学生：

中文课程本学年目标	学生本学年表现						
1. 语言知识 （1）该生知道常用的个人信息、家庭关系、日常生活等相关的词汇、短语和简单句。 （2）该生知道常用的校园生活、学习计划等相关的词汇、短语和简单句。 （3）该生知道常用的与动植物生活、人类健康相关的词汇、短语和简单句。 **2. 语言技能** 该生能基本理解熟悉的、与个人和日常生活密切相关的简单语言材料，并能就这些常见话题以较简单的方式与他人沟通，介绍自己或他人的基本情况等。 **3. 策略** 该生能通过使用电子词典、请别人多说几遍等方法帮助自己学习。 **4. 文化** （1）该生初步了解中国语言、节日、名人等相关的文化观念、产物和实际情况。 （2）该生初步了解中国与自己国家文化的共性和差异。	学业能力	听说能力	1 □　2 □　3 □　4 □　5 □				
		阅读能力	1 □　2 □　3 □　4 □　5 □				
		写作能力	1 □　2 □　3 □　4 □　5 □				
	努力程度	+ 比以前更用心，进步了。　□ = 跟以前一样。　□ - 没有以前用心，退步了。　□					
	课堂行为	教师选填： （1） （2） （3）					
	总体评价	1 □　2 □　3 □ 4 □　5 □					
教师评语							

10. 学习者语言能力达标自评表（以中等 4 级水平为例）

学习者语言能力达标自评表

请依据自己对话题了解的情况，选出适当的数字：3. 完全具备该能力；2. 基本具备该能力；1. 还需努力。

我能做到的行为描述		等级
我能就课程大纲涉及的五大主题相关内容展开讨论	我能谈论自己的性格和相貌、不同家庭生活模式和所在社区情况等	1 □ 2 □ 3 □
	我能谈论自己的日常生活、休闲娱乐方式等	1 □ 2 □ 3 □
	我能谈论自己的校园环境、教育计划和对职业的期待等	1 □ 2 □ 3 □
	我能谈论不同国家民族的语言文字、文学艺术和神话传说等	1 □ 2 □ 3 □
	我能介绍自己的家乡四季、饮食习惯及对科技的态度等	1 □ 2 □ 3 □
	我能 ＿＿＿＿＿＿＿＿＿＿＿	1 □ 2 □ 3 □
我能就自己相对熟悉领域中的事实性信息进行问答	我能就自己的性格、爱好、所在社区情况等话题进行提问和回答	1 □ 2 □ 3 □
	我能就各国人民的日常生活、休闲方式等话题进行提问和回答	1 □ 2 □ 3 □
	我能就自己的校园环境、职业规划等话题进行提问和回答	1 □ 2 □ 3 □
	我能就各国文化思想、媒体类型等话题进行提问和回答	1 □ 2 □ 3 □
	我能就人类健康、电子产品等话题进行提问和回答	1 □ 2 □ 3 □
	我能 ＿＿＿＿＿＿＿＿＿＿＿	1 □ 2 □ 3 □
我可以使用语言来满足一些熟悉领域的基本需求	我能邀请别人参加正式活动	1 □ 2 □ 3 □
	我能安排出行计划	1 □ 2 □ 3 □
	我能利用互联网找到自己感兴趣的工作、学校并了解相关要求	1 □ 2 □ 3 □
	我能利用电脑设计简历	1 □ 2 □ 3 □
	我能设计一份营养均衡的菜单	1 □ 2 □ 3 □
	我能 ＿＿＿＿＿＿＿＿＿＿＿	1 □ 2 □ 3 □
总结	总体而言，我达到了国际中文水平"中等 4 级"的能力要求	1 □ 2 □ 3 □
其他		

三、测试样题示例

1. 综合性评价测试样题

样题 1　语言理解 + 语言表达（以初等 2 级水平为例）

听录音或教师口述一段话，请学生根据听到的内容，口头回答问题纸上列出的问题。

老师们，同学们，大家好！我叫李德，来自美国。我是北京大学的留学生，今年大二了，我的专业是现代文学。我已经学了两年汉语了，来中国以前在美国学了一年。因为我对中国文化很感兴趣，所以我来到中国学习汉语。我一周有五门课，老师们都非常好。周末的时候，我喜欢出去旅游，北京的风景太美了！我希望能和同学们成为好朋友。

问题：

1. 李德是哪国人？

2. 李德学了多长时间汉语了？在哪里学过汉语？

3. 李德为什么来中国学习？

4. 李德一周有几门课？

5. 李德有什么爱好？

评价标准：

优：听一遍录音即可正确回答全部问题，回答内容完整，语句通顺。

良：听一遍以上录音方能回答问题，错误较少，回答内容较完整，语句较通顺。

中：听一遍以上录音，在老师、同学的帮助下方能回答问题，错误较少，回答内容较完整，语句修改后较通顺。

差：听一遍以上录音，在老师、同学的帮助下仍无法回答问题，或者错误过多，回答内容不完整，语句不通顺。

【例题说明】：本题的情境涉及"个人与社区"主题初等 1 级下的"个人信息"和

初等 2 级下的"日程与爱好"话题，以及"学习与工作"主题初等 2 级下的"学校生活"话题。本题主要测试学生的语言理解能力和语言表达能力，考查学生能否听懂并理解口述材料，并利用口头回答问题的方式进行反馈，训练学生的语言表达能力。教师可根据实际情况安排学生分小组活动或独立完成，建议将问题以书面形式呈现，听材料前发放问题纸，学生阅读问题后听材料回答。

样题 2　语言理解 + 人际沟通（以初等 3 级水平为例）

看食堂的菜单，两人一组进行情景模拟：你去食堂吃午饭，饭卡里有 15 块钱，你会点什么菜呢？请和同伴分别扮演服务员和客人，做一个点菜的对话。

炸酱面 8 元 / 碗	肉包子 2 元 / 个	米饭 1 元 / 碗
炒土豆丝 4 元 / 份	西红柿炒鸡蛋 5 元 / 份	小炒肉 8 元 / 份

评价标准：

本次活动的评价方式是先自评、后教师评价，采用分级评分的方法，每项指标分为优秀、一般、需提高三个等级。

评价指标	学生自评			教师评价		
了解点菜的基本表达方式	优秀	一般	需提高	优秀	一般	需提高
了解菜品价格的表达方式，恰当使用相关量词	优秀	一般	需提高	优秀	一般	需提高
能根据菜单上的信息合理规划菜品种类和数量	优秀	一般	需提高	优秀	一般	需提高
发音准确，口头表达流利	优秀	一般	需提高	优秀	一般	需提高
与同伴配合良好，表演生动有趣	优秀	一般	需提高	优秀	一般	需提高

【例题说明】：本题的情境涉及"社会与生活"主题初等 3 级下的"点餐"和"食物"话题，同时涉及中国特色美食文化。通过阅读食堂菜单和价格，测试学生的语言理解能力；通过两人一组的情景模拟，考查学生是否掌握了点餐的基本表达方式，以及能否就该话题与服务员进行有效的沟通。教师应从对话内容中观察学生是否了解菜单中的不同菜品，以及是否能根据有限的钱数规划好菜品的种类和数量。本题鼓励将学生自评和教师评价相结合，在双人互动中提高学生的交际策略能力和自我评价能力。

样题 3　人际沟通（以中等 4 级水平为例）

今天是中秋节，以"去朋友家做客"为主题，3～4 人为一组，进行一次约 5 分钟的情景模拟。（角色分配参考：朋友的父母、朋友的伴侣）

本次活动以同伴互评为主，要求每个人为自己的组员打分，在评分表的 A、B、C 三个等级上进行勾选，A 代表非常好，B 代表比较好，C 代表尚需努力。

评价指标	玛丽			麦克			艾琳		
语言运用准确，口头表达流利	A	B	C	A	B	C	A	B	C
语言运用得体，符合角色特点	A	B	C	A	B	C	A	B	C
了解做客的礼仪，并在对话中合理安排相关内容	A	B	C	A	B	C	A	B	C
了解中秋节的习俗，并在对话中合理安排相关内容	A	B	C	A	B	C	A	B	C
与组员配合良好，表演生动	A	B	C	A	B	C	A	B	C

【例题说明】：本题的情境为"社会与生活"主题下中等4级的"做客"话题，同时涉及中国传统节日文化。通过角色扮演，考查学生是否掌握了做客的基本表达方式，是否能够运用所学的中文与他人进行得体的交流，是否能表达自己的感情和态度。教师应同时从对话内容中观察学生是否理解了中国人做客的礼仪和规范、家庭成员间的角色关系以及中秋节的传统习俗。本题鼓励将教师评价和同学互评相结合，在小组活动中提高学生的交际策略和评价能力。

样题4　语言表达（以中等6级水平为例）

假期马上就要到来了，你想和朋友一起去中国旅游。你们需要制订一个旅游计划，内容包括旅游目的地、目的地特点、行程、住宿、交通等，将旅游计划做成幻灯片，并配上插图，在全班进行报告展示。

评价标准：

本次活动以班级互评为主，要求每个人为班级其他同学打分，每项指标采用五分制的评分方法，1分代表不合格，2分代表合格，3分代表中等，4分代表较好，5分代表优秀。

评分角度	具体指标	分数
话题内容	切合旅游计划的话题，旅游计划完整，结构清楚、有条理	1□ 2□ 3□ 4□ 5□
	对目的地的情况了解充分，介绍清晰全面	1□ 2□ 3□ 4□ 5□
中文使用	发音清楚，语音准确	1□ 2□ 3□ 4□ 5□
	语速适中，讲解流利自然	1□ 2□ 3□ 4□ 5□
	词汇、语法和句式运用准确	1□ 2□ 3□ 4□ 5□
	使用了丰富的词汇、语法和句式	1□ 2□ 3□ 4□ 5□
报告呈现	幻灯片字体大小适中，图文并茂，有吸引力	1□ 2□ 3□ 4□ 5□
	合理分配时间，总时长符合要求	1□ 2□ 3□ 4□ 5□
举止仪态	基本脱稿	1□ 2□ 3□ 4□ 5□
	自信大方，不紧张	1□ 2□ 3□ 4□ 5□

【例题说明】：本题的情境涉及"社会与生活""中国与世界""个人与社区"等主

题，包括中等 6 级下的"旅游""交通""名胜古迹""日程计划"等话题，综合性和实践性强。本任务测试学生的口语表达能力，通过制订旅游计划，考查学生对于中国城市、地理、人文等方面知识的了解情况，测评多个话题的综合组织能力，以及语言表达的逻辑性、条理性；通过幻灯片制作和展示，考查学生查找资料和综合编排各类媒体资源的能力。评价指标包括旅行计划的完整性、合理性，中文展示的基本能力，幻灯片的可读性，语言表达的逻辑性等。本题鼓励将教师评价和班级互评相结合，同学之间互相发现并解决问题，提高学生的表达能力。

样题 5　语言理解 + 语言表达（以高等 7 ～ 9 级水平为例）

约翰准备申请中国一所大学的研究生，他在网站上查到了该学校的专业介绍。请根据下面的信息回答以下问题：

研究生项目	中文项目			商务项目	
	汉语国际教育	语言学	比较文学	商务专业（中文授课）	商务专业（英文授课）
学制	2 年	3 年	3 年	3 年	3 年
学费（人民币）	30,000/ 年	30,000/ 年	30,000/ 年	50,000/ 年	50,000/ 年
入学要求	1. 取得大学本科毕业证书 2. HSK5 级 210 分以上	1. 取得大学本科毕业证书 2. HSK5 级 210 分以上	1. 取得大学本科毕业证书 2. HSK5 级	1. 取得大学本科毕业证书 2. HSK5 级 或同等中文水平。中文水平不足者可入学修读一年预科	1. 取得大学本科毕业证书 2. IELTS6.0 或同等英文水平。英文水平不足者可入学修读一年预科

XX 大学研究生招生专业信息

1. 这所大学的中文项目有几个专业？每个专业的学制有什么差别？每个专业对学生的中文水平有什么要求？（5 分）

2. 商务专业使用什么语言授课，学生可以怎样选择？（5 分）

3.约翰对这所大学商务专业的中文授课课程很感兴趣，他想给学校写一封电子邮件，详细询问这个方向学习哪些课程、毕业的要求以及奖学金政策。请你帮他写一封邮件。（15分）

第3题评分标准：

得分区间	评价指标
13～15分	准确掌握电子邮件的写作格式和文体，对题目要求的各项内容覆盖全面，语言运用准确清晰，表达得体，符合礼貌原则。汉字书写错误极少
9～12分	较准确地掌握电子邮件的写作格式和文体，基本覆盖题目要求的各项内容，语言运用较准确清晰，词句使用和汉字书写错误较少
6～8分	基本掌握电子邮件的写作格式，题目要求的内容有个别缺项，或出现明显不符合邮件文体和不得体的表达，词句使用和汉字书写存在错误
6分以下	未能很好地掌握电子邮件的写作格式，内容有较多缺项，语言表达不符合文体要求，句子不完整，存在大量词汇、语法或汉字错误

【例题说明】：本题主要基于"学习与工作"主题下的"教育与未来"话题，同时涉及中国的学制和教育文化相关内容。本任务综合了读、写技能，通过回答问题、拟写邮件等任务，综合考查学生在"申请大学研究生"这一语境下的语言理解和语言表达能力。评价指标包括表格信息理解的正确性，邮件写作中内容信息的完整性、中文表达的正确性与得体性、书信文体及格式的规范性等。

2.分析性评价测试常见题型及样题

教学评价中测试类型须涉及不同层次的认知教育目标，同时兼顾学生汉语水平、认知发展等因素。国际中文教师可根据所在国学情、学生的汉语水平、认知发展等，适度安排记忆类题型和理解型题型。

（1）听力考查常见题型及样例

常见题型	样题举例	适用等级	认知目标
听后判断	苹果（　　）	初中等	记忆—回忆
听后选择	甲：您好，我可以进来吗？　乙：请进。 A.　　　B.　　　C.		
听后写拼音	听词语写出拼音和声调。		
听后重复①	我周日喜欢去公园散步。		
听后连线	听力材料： 山本，你好。欢迎来参观我们的教学楼。这里一到三楼都是中文教室。咱们的综合课在二楼，口语课在三楼。四楼的资料室周一到周五开放，可以借书、打印材料等。五楼的办公室主要负责处理学生签证问题。六楼有个健身房，不过来锻炼的人并不多。对了，地下是洗衣房和活动室。 A.健身房　B.综合课教室　C.洗衣房　D.资料室 二楼□　　地下□　　四楼□　　六楼□		了解—配对
听后回答	听力材料——记者采访了今年大学生中文演讲比赛的冠军。听两遍采访后，回答问题。 记　者：穆小龙同学，你好。请你谈谈获得冠军后最大的感受。 穆小龙：其实挺意外的。我之前没有参加过类似的大型比赛，所以报名时一直比较犹豫。口语课老师的鼓励让我有了参加此次比赛的勇气。 记　者：你能跟明年的选手分享一些经验吗？	中高等	分析—选择、判断等

---

① 此题可同时考查学生的口语能力。

（续表）

常见题型	样题举例	适用等级	认知目标
听后回答	穆小龙：首先，我认为参加比赛时重要的并不是名次，而是你在舞台上分享了什么。其次，充分的赛前准备和练习，是取得好成绩的关键。最后，要在平时多多积累。 听后回答： 1. 穆小龙获得冠军后心情如何？为什么？ 2. 穆小龙给明年选手的建议有哪些？	中高等	分析——选择、判断等
听后填空	听力材料——玛丽正在警察局报案。请听录音，完成警察的笔录。 （表格见下） 玛丽：我的背包被偷了。 警察：在哪里被偷的？ 玛丽：在火车站的候车室。 警察：什么时候被偷的？ 玛丽：我 11 点时发现座位旁边的背包不见了。 警察：背包里有哪些东西？ 玛丽：有我的学生证、毛衣，还有一个蓝色的水杯。 警察：好的，请留下你的联系方式。找到后，我们会通知你的。 玛丽：好的，我的手机号是 134562930355。		

报警人	来警察局的原因	丢包的时间和地点	包里的东西	联系方式
玛丽				

（2）口语考查常见题型及样例

常见题型	样题举例	适用等级	认知目标
朗读词语、句子或短文	我们都渴望成功，但成功并没有什么特别的方法。	各等级	记忆——回忆

（续表）

常见题型	样题举例	适用等级	认知目标
看题目回答问题	每天睡觉前，你会做些什么？（1.5 分钟）	各等级	应用—执行
看图说话	看图说话。（2 分钟） 世界环境日 6月 5		
角色扮演	老师和你模拟情境，请回答老师的问题。 你＝公司员工；老师＝公司老板。你在公司里与老板说话，请回答他／她的五个问题。		
主题演讲	想象此时你在对着全班同学进行主题分享。选一种你最喜欢的中国文化产物（如书法、汉字、中国画等），介绍该文化产物的相关情况及它对你的特殊含义。		
即兴对话	老师根据课程大纲的主题，随机选几个话题与学生进行 2 分钟的即兴对话。		

（3）阅读考查常见题型及样例

常见题型	样题举例	适用等级	认知目标
看图选文字	我喜欢吃＿＿＿＿＿＿。 A. 咖啡　B. 面包　C. 包子　D. 米饭	初中等	记忆—回忆、确认、识别等
看文字选图	我要去买一条裤子。我要买＿＿＿＿＿＿。 A.　　B.　　C.　　D.		
看图判断	看电视。（　　　）		

常见题型	样题举例	适用等级	认知目标
看图连线	1.李明在图书馆看书。　2.大卫在操场打篮球。　3.金美英在教室上课。 A. 　B. 　C.	初中等	了解——配对、推论等
对画线部分提问	我是日本人。 ＿＿＿＿＿＿＿＿？		
找部首	找出下列三个汉字中的部首。如：街—彳。		分析——区辨、推论、统整、重组等
连词成句	会、明天、大雨、下、可能		
选出合适的回答	甲：今天天气怎么样? 乙：＿＿＿＿＿。 A.我很好，谢谢。　B.星期天不行。　C.很冷。		
选择合适的词语	＿＿＿＿他今天觉得不舒服，他＿＿＿＿坚持参加了比赛。 A.因为……所以　　B.尽管……还是 C.不但……反而　　D.不仅……而且		
选择合适的位置	A我们从星期一B到星期五C有D课。（都）		应用——执行
阅读时找出近义词或词组	从短文中找出与以下词语或词组意思最接近的词语或词组。 我的大学同学李明毕业后回到家乡工作，每天朝九晚五。虽然工作没什么乐趣，但工资不错。公司还有旅游补助，喜欢旅游的他小日子过得轻松如意。后来由于市场不景气，他的公司倒闭了。 1.福利：＿＿＿＿　　2.萧条：＿＿＿＿	中高等	回忆——配对
连句成段	A.可是今天起晚了 B.平时我骑自行车上班 C.所以就打车来公司了		分析——统整、联结

（续表）

常见题型	样题举例	适用等级	认知目标
完形填空	在沙滩排球场上，半躺在沙滩椅中，头顶着蓝天，脚下踩着软软的细沙，吹着海风，享受那份惬意。阳光下，球场两边各有两名（1）着太阳眼镜、晒得一身古铜色（2）的运动员在网前争夺。 1. A. 穿　B. 带　C. 挂　D. 戴 2. A. 皮肤　B. 身体　C. 头发　D. 胳膊	中高等	分析—统整、联结
选出有语病的一项	A. 我们边走边聊，不知不觉走了十几里左右。 B. 他表现得很平静，没有任何激动的言行。 C. 对我来说，最难的课程是电脑编程。 D. 我之所以喜欢这个人，是因为他为人善良。		评鉴—判断
近义词辨析	有点儿、一点儿 这件衣服（　　　）长，请换一件短（　　　）的。		
读后推测态度	你的好友玛丽在微信上发了一条朋友圈，好几个人在下面点评。 玛丽：最近天气太热了，每天点外卖，好方便啊。 大卫：方便是方便，不过有些外卖看起来不太卫生，包装也不环保。 田中：外卖的东西简直太好吃了，可是吃多了对身体不好。 安娜：每天点外卖，难道不贵吗？ 请分析文中大家对"点外卖"的态度。 玛丽：正面□　反面□　正面＋反面□ 大卫：正面□　反面□　正面＋反面□ 田中：正面□　反面□　正面＋反面□ 安娜：正面□　反面□　正面＋反面□	各等级	分析—区辨、选择、判断等
读后回答问题	阅读大卫给山本的邮件，回答问题。 1. 大卫为什么举办派对？ 2. 大卫的派对上可能有哪些菜？		

（续表）

常见题型	样题举例	适用等级	认知目标
读后回答问题	收件人：山本 主题：欢迎参加我的派对 山本： 　　你好！5月21日我打算在家里举行一场派对，庆祝我最近搬入新家。 　　派对晚上六点正式开始，地点是上海路阳光小区222号。 　　我本来计划做一些特色的美国菜，但因为材料很难买，所以我想试着做一些中国菜。我听朋友说，在外卖网站还能订到韩国菜，我也打算试试。如果你还想吃别的菜，请发邮件告诉我。 　　期待你能参加我的派对！祝好！ 　　　　　　　　　　　　大卫 　　　　　　　　　　2024 年 5 月 12 日	各等级	分析—区辨、选择、判断等

（4）写作考查常见题型及样例

常见题型	样题举例	适用等级	认知目标
看拼音写汉字	我每天下午五点开＿＿＿＿（shǐ）打工。	初中等	记忆—回忆
写出汉字的笔画顺序	中		
看图写汉字			
改正错误的汉字	1. 他每天给女朋友打电活（　　）。 2. 我们应该少吃肉多远（　　）动。		分析—区辨
写出部首相同的汉字	说＿＿＿＿	中高等	了解—举例、列举

155

常见题型	样题举例	适用等级	认知目标
写出近义词或反义词	反义词：胖＿＿＿＿＿		了解—举例、列举
写出结构相似的词	书店：＿＿＿＿店、＿＿＿＿店、＿＿＿＿店		
用指定词语改写、完成句子	买房后，我很少买新衣服。（自从……）		了解—转换
故事续写	晚上，小明一人在家里上网课，这时，门突然开了……		
话题作文	写一篇文章介绍你的家乡，300 字以上。		
读后缩写	在限定时间内缩写一段文字。（具体参见 HSK6 级书写部分题目）	中高等	
任务型写作：语言表达式	你要邀请好朋友去一家饭店，现在正在给这位同学发短信介绍这家饭店。你的内容中应包括： 1. 饭店的位置；2. 吃饭的时间； 3. 饭店有哪些菜；4. 怎么到达那里等。		应用—执行、解决
任务型写作：人际沟通式	你是玛丽，下面是李萍写给你的邮件，请完成回复。 收件人：玛丽 邮件主题：辞职后的计划 玛丽： 　　你好！ 　　告诉你一个好消息，我决定辞职了！我最近准备去国外再读一个经济方面的研究生，但还没确定去哪个国家。你认为去你们国家怎么样？你们国家有哪些有特色的大学吗？大学环境怎么样呢？ 　　我在网上看到了一些信息，但都不太完整。所以想问问你的看法，期待你的回信！ 　　祝好！ 　　　　　　　　　　　　　　　　李萍 　　　　　　　　　　　　2024 年 5 月 12 日		

常见题型	样题举例	适用等级	认知目标
看图写故事		中高等	应用——执行、解决
造句	尽管：＿＿＿＿＿＿＿＿		
看图写话	 你在中国朋友的微信上看到这张照片。 他们是谁？在哪儿？在做什么？ 请用汉语写四句话。	各等级	应用——使用、执行
用指定词语写作	用下列短语或句子，写一篇短文，大约十行（或100个字）。 在海边、孩子们、怎么办、最后……		

（5）翻译考查常见题型及样例

常见题型	样题举例	适用等级	认知目标
中译中：单独翻译词语、短语、句子等	狐假虎威：＿＿＿＿＿＿	各等级	了解——释义、诠释、翻译
中译中：在语境中翻译词语、短语、句子等	请解释画线部分的词义。 这趟火车<u>十有八九</u>要晚点。		

常见题型	样题举例	适用等级	认知目标
中译外：翻译词语、短语、句子、生活中的真实语料等	你的英国朋友在微信上看到一个中国朋友发的内容，很想了解其中的意思。请为他翻译一下："新的一年，我希望自己身体健康！去年一直点外卖，还不怎么运动。今年一定要坚持每天去健身房。"		
中译外：翻译正式文章等	你要为一份双语杂志提供中文对应的英文稿件。翻译这篇关于大学生兼职的150字文章。注意：传达意义比字面上的正确性更重要。（此处省略文章）		
中译外：听后翻译并在文本中找出正确答案	寒假快到了。我打算跟姐姐坐火车去上海玩儿一星期。我们打算从北京出发，一路会经过天津、济南和南京这几个城市。 Where will their trip begin? A. Beijing.　B. Tianjin.　C. Nanjing.　D. Shanghai.	各等级	了解——释义、诠释、翻译
中译外：听后翻译并推测相关细节	男人：李太太，您好。我有点儿事儿想跟李先生谈谈。他在家吗？ 女人：他出去了，马上就回来。请您坐一会儿，先喝杯茶吧。 Where did this conversation take place? A. At Mr. Li's home.　　B. In Mr. Li's office. C. On the street.　　D. In a park.		
中译外：根据听到或读到的中文材料撰写外语文章	听一段中文录音，根据下面提示的要点写一篇不少于75个英文单词的短文。 提示要点：1.高考的优点；2.父母对高考的看法。 听力文本：很多人认为，高考最大限度地实现了人才的公平选择，不管考生的家庭背景如何，只要他考得好，就可以上好大学。特别是对于农村的学生来说，高考是改变他们命运的机会。有些家长觉得高考会压缩孩子个性发展的空间。他们认为现行高考制度是统一考试，要求全国所有的学生都按照统一的标准学习，这样会缺乏灵活性。		

（续表）

常见题型	样题举例	适用等级	认知目标
外译中：使用指定词语、短语、固定搭配等翻译	根据给出的英文，使用括号里的词语翻译句子。 He doesn't know anything about Chinese cities. He hasn't even heard of Nanjing. 他对中国的城市一点都不清楚，_____。（甚至）	各等级	了解—释义、诠释、翻译

参考资料

北京大学中文系现代汉语教研室（1993）《现代汉语》，北京：商务印书馆。

丁安琪（2013）论汉语教学大纲本土化——以法国《初中汉语教学大纲》为例，《对外汉语研究》第 2 期。

冯丽萍、高晨阳（2020）输入方式及语篇位置对汉语二语学习者句法启动效应的影响研究，《语言教学与研究》第 4 期。

傅由（2019）加拿大阿尔伯塔省中小学汉语课程大纲与国家汉办《国际汉语教学通用课程大纲》之文化目标比较，《国际汉语教学研究》第 2 期。

国际文凭组织（2018）大学预科项目——初级语言课程指南（2020 年首次评估），IB Publishing Ltd。

韩笑、张亮、张华等（2021）复杂网络视角的汉语二语口语句法复杂度发展研究，《世界汉语教学》第 3 期。

教育部中外语言交流合作中心（2022）《国际中文教育用中国文化和国情教学参考框架》，北京：华语教学出版社。

孔子学院总部 / 国家汉办（2014）《国际汉语教学通用课程大纲》，北京：北京语言大学出版社。

孔子学院总部 / 国家汉办（2015）《 HSK 考试大纲》（一～六级），北京：人民教育出版社。

李坤崇（2016）《学业评价：多种评价工具的设计及应用》，上海：华东师范大学出版社。

李泉（2003）基于语体的对外汉语教学语法体系构建，《汉语学习》第 3 期。

李宇明（2018）海外汉语学习者低龄化的思考，《世界汉语教学》第 3 期。

梁宇、王祖嫘、邵亦鹏（2022）基于数据库的海外中文教育标准体系建设研究，《天津师范大学学报》(社会科学版) 第 1 期。

刘华、郑婷（2017）少儿华语教学主题分类词表构建，《华文教学与研究》第 1 期。

刘珣（2000）《对外汉语教育学引论》，北京：北京语言大学出版社。

刘英林（2021）《国际中文教育中文水平等级标准》的研制与应用，《国际汉语教学研究》第 1 期。

刘英林、李佩泽、李亚男（2020）汉语国际教育汉语水平等级标准全球化之路，《世界汉语教学》第 2 期。

吕良环、史清泉（2002）国外外语教学大纲的发展研究，《全球教育展望》第 8 期。

罗少茜、黄剑、马晓蕾（2015）《促进学习：二语教学中的形成性评价》，北京：外语教学与研究出版社。

马佳楠、张彤辉（2019）试论《国际汉语教学通用课程大纲》与海外外语能力标准的对接——以西班牙安达卢西亚大区、美国新泽西州汉语教学大纲制定为例，《国际汉语教学研究》第 2 期。

马箭飞、梁宇、吴应辉等（2021）国际中文教育教学资源建设 70 年：成就与展望，《天津师范大学学报》(社会科学版) 第 6 期。

马志强（2017）《在线学习评价研究与发展》，北京：中国社会科学出版社。

欧洲理事会文化合作教育委员会（2008）《欧洲语言共同参考框架：学习、教学、评估》，刘骏、傅荣主译，北京：外语教学与研究出版社。

邵滨、富聪（2020）世界少儿汉语教学研究：回顾与展望，《汉语学习》第 5 期。

王添淼、李伟言（2006）美国 K-12 教育中国家外语教育目标述评，《外国教育研究》第 11 期。

王学松（2022）《国际中文教育中文水平等级标准》的文化定位与文化教学实施路径，《国际汉语教学研究》第 4 期。

王祖嫘、何洪霞、李晓露、梁宇（2021）世界主要发达国家中文教学标准研究报告，《国际中文教育》(中英文) 第 4 期。

赵金铭（2019）《对外汉语教学概论》(修订本)，北京：商务印书馆。

中华人民共和国教育部、国家语言文字工作委员会（2021）《国际中文教育中文水平等级标准》，北京：北京语言大学出版社。

朱瑞平、张春燕（2016）汉语国际教育背景下文化传播内容选择的原则，《云南师范大学学报》(哲学社会科学版) 第 1 期。

朱志平、伏学凤、步延新等（2016）汉语二语教学标准制定的几个问题——谈非汉语环境下中小学汉语教学，《北京师范大学学报》(社会科学版) 第 2 期。

ACTFL. *Standards for Foreign Language Learning in the 21st Century*, Allen Press Inc., 1999.

Brown, H. Douglas. *Teaching by Principles: An Interactive Approach to Language Pedagogy (3rd Edition)*, Pearson Education Inc., 2007.

Council of Europe, & Council for Cultural Co-operation. Modern Languages Division. *Common European Framework of Reference for Language: Learning, Teaching, Assessment*, Cambridge: Cambridge University Press, 2001.

Curtain, Helena & Carol Ann Dahlberg. *Languages and Children: Making the Match, New Languages for Young Learners, Grades K-8 (4th Edition)*, Pearson Education Inc., 2010.

Gardner, Howard. *Frames of Mind: The Theory of Multiple Intelligences*. New York, NY: Basic Books, 1983.

NSW Education Standards Authority. *Chinese and Literature—Stage 6 Syllabus,* Sydney, Australia, 2012.

国際文化フォーラム（2007）高等学校の中国語と韓国朝鮮語学習のめやす（試行版），財団法人国際文化フォーラム。